Martin Luther

Troen alene

Martin Luther

Troen alene

Oversat og tilrettelagt

Finn B. Andersen

Oversat og tilrettelagt: Finn B. Andersen

Forlag: Books on Demand GmbH, København, Danmark

Tryk: Books on Demand GmbH, Norderstedt, Tyskland

ISBN 978-87-430-0208-6

Indholdsfortegnelse

Forord

Dette er en samling af de mest centrale tekster om reformationens inderste kerne, som sammenfattes i ordene "troen alene".

Når nogen forsøger at samle reformationens tanker i både fire og fem "alene", er det en tilsløring af det eneste ægte lutherske "alene".

Man kan dog også tale om "Skriften alene" som *grundlaget* for læren om troen alene, men det egentlige "alene" er altså: troen alene.

Det reformatoriske sted for læren om frelse alene ved troen på Kristus, er Rom 3, 28: "Vi mener, at et menneske gøres retfærdigt *ved tro alene*, uden lovgerninger." (Luthers tyske oversættelse: So halten wir es nu, Das der Mensch gerecht werde, on des Gesetzes werck, *alleine durch den Glauben*).

I den græske grundtekst står der ganske vist ikke "alene", men Luther begrunder sin oversættelse med, at han altså taler tysk og på tysk er det naturligt at tilføje ordet "alene", når der er tale om to modsætninger, der udelukker hinanden, som tilfældet er i Rom 3, 28.

Det forklarer Luther i den første tekst, som netop er en åbent brev om at oversætte.

Den næste tekst er Luthers svar på en indvending fra katolsk side, hvor man kritiserer Luthers "troen alene", fordi jo ikke kun er troen, der frelse, men at dåben jo fx også frelser. Det svarer Luther på i denne tekst mod Cochlæus.

I de sidste tre tekster udfolder Luther selve teologien i læren om troen alene. Her understreger Luther denne reformatoriske grundsætnings helt afgørende betydning. Det er også her man finder tanken om, at læren om at vi alene frelses ved troen på Kristus, er den artikel, hvormed kirken står eller falder:

"Hvis denne artikel består, så består kirken, men falder den, så falder kirken med."

Oversat og tilrettelagt
Finn B. Andersen

Martin Luther Åbent brev om at oversætte 1530

Indledning

Luthers åbne brev om oversættelse er skrevet på borgen Coburg, hvor Luther opholdt sig under rigsdagen i Augsburg for at være i sikkerhed (jfr. underskriften: "Ørkenen"). Luther sendte brevet til Wenzeslaus Link i Nürnberg, forhenværende ordensbror fra Wittenberg og en af Luthers trofaste venner. Det fremgår af teksten, at brevet er beregnet på offentliggørelse. Anledningen er angrebene på Luthers bibeloversættelse. Det gælder især et enkelt sted, nemlig oversættelsen af Rom. 3, 28, hvor Luther bruger ordet "alene" (allein), som medførte heftig strid. Ud fra dette sted udvikler Luther hele sit principielle syn på oversættelse og sprog. Dermed er det et dokument, som har betydning, langt ud over den aktuelle foranledning.

Helt nøjagtig oversætter Luther Rom 3, 28 sådan: "Vi fastholder, at mennesket bliver retfærdiggjort uden lovgerninger, *alene ved troen.*" Han oversætter det *ikke* sådan: "…, *ved troen alene.*"

Tekst: WA 30, II, 632–646.

Til den ærværdige og kloge N., min hengivne herre og ven.

Nåde og fred i Kristus, ærværdige, hengivne, kære herre og ven! Jeg har fået dit brev med de to spørgsmål som du beder om mit svar på. For det første hvorfor jeg i Romerbrevet 3, 28 har oversat Paulus' ord til tysk på denne måde: "Wir halten, das der mensch gerecht werde on des gesetzs werck, allein durch den glauben", (Vi fastholder, at mennesket bliver retfærdiggjort uden lovgerninger, alene ved troen). Du henviser i den sammenhæng til at papisterne ophidser sig over al måde, over at *ordet "alene" ikke står i teksten hos Paulus*. En sådan tilføjelse til Guds ord fra min side går det ikke an at finde sig i, og så videre. For det andet spørger du, om det er sådan, at de afdøde hellige beder for os, når vi læser om, at englene beder for os.

Om oversættelse

På det første spørgsmålet kan du – hvis du har lyst – hilse papisterne og svare:

For det første at hvis jeg, dr. Luther, havde kunnet tænke mig den mulighed at alle papisterne til sammen var så dygtige, at de var i stand til at oversætte så meget som et eneste kapitel i Skriften til ret og godt tysk, så skulle jeg sandelig have vist mig så ydmyg, at jeg havde bedt dem om hjælp og bistand til at oversætte Det Nye Testamente. Men fordi jeg vidste og stadig ser nye eksempler på at ingen af dem rigtig véd, hvordan man skal oversætte til eller tale tysk, har jeg sparet både dem og mig selv for besværet. Det er nemlig ikke vanskelig at mærke, at det *først er af min oversættelse og mit tyske sprog, de har lært at snakke og skrive tysk.* Sådan stjæler de det sprog fra mig, de tidligere kun havde lidt forstand på og undlader ikke bare at takke mig, men bruger det hellere imod mig. Men jeg under dem det gerne, for trods alt glæder det mig, at jeg også har kunnet lære mine utaknemlige elever – ja, endog mine fjender – at snakke.

For det andet kan du sige, at jeg har oversat Det Nye Testamente så godt og samvittighedsfuldt, som jeg magter. Dermed har jeg ikke tvunget nogen til at læse det. Jeg har stillet enhver frit, og jeg har gjort det udelukkende for at hjælpe dem, som ikke kan gøre det bedre selv. Det er ikke forbudt for nogen at gøre det bedre. Den, som ikke vil læse det, kan bare lade det ligge. Jeg tigger ingen om at læse det og roser ingen, om han gør det. Det er mit Nytestamente og min oversættelse, og det skal det fortsat være. Jeg har virkelig bestræbt mig på ikke at oversætte ét eneste bogstav forkert. Og jeg er heller ikke bevist om, at have begået nogen fejl. Men hvis det skulle være tilfældet, vil jeg ikke have papisterne som dommere, for deres ører er alt for lange og deres æselskryden er for tiden for svag til at bedømme min oversættelse. Jeg véd ganske godt, hvad en oversætter har brug for af evner, flid, fornuft og forstand, men de ved mindre om det en møllerens trækdyr, for de har ikke gjort et forsøg.

Det hedder: "Den, som bygger ved vejen, har mange bygmestre". Sådan er det også med mig. De, som ikke har kunnet tale rigtigt tidligere – for ikke at snakke om at oversætte – de vil nu alle sammen være mine læremestre, og jeg skal være elev hos dem alle. Hvis jeg havde spurgt dem, hvordan man skal oversætte de første ord i Matthæus-evangeliet (Slægtsbog for Jesus Kristus), så havde ingen af dem haft et kvæk at sige til det. Alligevel sætter de sig til doms over hele mit arbejde. Jo, det er fine folk! Men det gik ligesådan med Hieronymus, da han oversatte Bibelen. Da blev hele verden hans læremester, og han den eneste, som ikke havde forstand på nogen ting. De satte sig til doms over den gode mand og hans værk. Folk, som ikke engang var værdige til at pudse hans sko. Sandelig behøves der stor tålmodighed for den, som vil gøre noget godt offentlig, for verden vil være Mester Klog og vil altid lægge seletøjet omvendt på hesten. Den har tjek på alt, men kan ingenting selv. Sådan er den, og anderledes bliver den aldrig.

Jeg skulle gerne se den papist, som stod frem og blot oversatte et af Paulus' breve eller en af profeterne uden at benytte sig af Luthers sprog og oversættelse. Da tænker jeg, man skulle se et flot, nydelig, værdifuldt tysk og en tilsvarende oversættelse! Vi har jo set svindleren fra

Dresden, som har skaltet og valtet med mit Nytestamente. (Jeg vil ikke nævne hans navn i mine bøger længere, for nu er han død og har fået en anden dommer. Desuden er han kendt nok).[1] Han indrømmede at mit tysk var fint og godt. Han kunne se, at han ikke kunne gøre det bedre. Alligevel ville han gøre det til skamme, gik i gang og tog mit Nytestamente næsten ord til andet, sådan som jeg havde lavet det. Han slettede min fortale, mine forklaringer og satte sit eget navn, sin egen fortale og forklaring i stedet og solgte så mit Nytestamente under sit eget navn. Tænk dig, kære ven – jeg blev udsat for den ulykke at hans landsfyrste i en frygtindgydende fortale fordømte og nedlagde forbud mod at læse Luthers Nytestamente, samtidig med at han gav befaling om at læse svindlerens Nytestamente – som er akkurat det samme, som det Luther har lavet!

For at nu ingen skal tro at jeg lyver, så tag blot begge Nytestamenter for dig, Luthers og svindlerens. Sammenlign dem, så vil du se, hvem det er, som er oversætter begge steder. De få steder, han har ændret, kan jeg – selv om jeg ikke er lige begejstret for det hele – sagtens bære over med, for hvad teksten angår, går det mig ikke imod. Derfor har jeg heller aldrig villet tage til orde mod det skriftlig. Jeg har måttet le af den store visdom, at man så voldsomt har kritiseret, fordømt og forbudt mit Nytestamente så længe det gik under *mit* navn – og så alligevel har måttet læse det, når det gik under en andens navn! Men hvad for slags skik det er at kritisere og dadle en andens bog, derefter stjæle den og lade den udgå under ens eget navn og på den måden skaffe sig ære og berømmelse gennem det arbejde, man har skældt en anden ud for – det overlader jeg til dommeren at finde ud af. Personlig har jeg nok med at glæde mig over at mit arbejde, også har fremgang gennem mine fjender, som også Paulus siger (Fil 1, 18), og at Luthers bog uden Luthers navn bliver læst under fjendens navn. Hvordan kunne jeg hævne mig bedre?

Men tilbage til sagen. Hvis papisten besværer sig over ordet ”alene”, så sig straks til ham at Doktor Martin Luther vil have det sådan. (Sådan vil jeg have det, sådan befaler jeg og min vilje er grund nok). Og sig videre at papist og æsel er ét og det samme. Vi vil ikke være papisternes elever eller disciple, men deres læremestre og dommere. For en gangs skyld vil jeg også være hovmodig og skryde med æselhovederne. Ligesom Paulus roser sig mod de tossede hellige, sådan vil jeg også rose mig mod disse mine æsler (2 Kor 11). De er doktorer? Jeg også. De er lærde? Jeg også. De er prædikanter? Jeg også. De er teologer? Jeg også. De er disputatorer? Jeg også. De er filosoffer? Jeg også. De er dialektikere? Jeg også. De holder forelæsninger? Jeg også. De skriver bøger? Jeg også.

Ja, jeg vil gå videre: Jeg kan udlægge salmer og profeter. – Det kan de ikke. Jeg kan oversætte. – Det kan de ikke. Jeg kan læse Den Hellige Skrift. – Det kan de ikke. Jeg kan bede. – Det kan de ikke. Og for nu at sætte mig ned på deres eget niveau: Jeg kan deres egen dialektik og filosofi bedre en alle til sammen. Desuden véd jeg udmærket, at der ikke er en eneste af dem, som forstår Aristoteles. Hvis der er én eneste af dem, som virkelig forstår så meget som en indledning eller kapitel i Aristoteles, så må man kalde mig Mads. Jeg tager ikke munden for fuld, for jeg er uddannet og erfaren i al deres kunst lige fra ungdommen af og véd godt hvor dyb og hvor vid, den er. De véd også inderlig godt at jeg véd og kan alt, hvad de kan, og alligevel behandler de ugudelige knægte mig som om jeg var en gæst i deres kunst, netop ankommet og uden at have set og hørt, hvad de lærer og kan. Så prangende kommer de trækkende med deres kunst og vil lære mig det, jeg for tyve år siden lærte, så jeg må synge den kendte vise: "Allerede fra jeg var syv, vidste jeg at hesteskosøm var lavet af jern."

Det er svar nok på dit første spørgsmål, og jeg beder om, at du ikke svarer sådanne æsler andet eller mere på alt deres unyttige skrål om ordet "alene" end dette: Luther vil have det sådan. Fortæl dem blot, at Luther er en doktor over alle doktorer i hele pavedømmet, og lad det blive med det. For så længe de er sådanne folk (jeg mener: Æsler, ikke folk), som de er, har jeg ikke andet end foragt til overs for dem. For der er sådanne uforskammede tåber, som doktor Smed og doktor Snothvalp og deres ligemænd blandt dem, folk som ikke engang har lært sig deres egen, sofistiske kunst.[2] Alligevel lægger de sig ud med mig i disse sager, som ikke blot går langt over sofisteriet, men også –

som Paulus siger – over al verdens visdom og fornuft. Nuvel, et æsel behøver ikke synge meget, man kender det allerede på ørerne.

Ordet "alene" i oversættelsen af Rom 3, 28

Over for dig og vores egne folk vil jeg derimod vise, hvorfor jeg har villet bruge ordene "alene ved troen" (allein durch den glauben). For resten svarer det ikke til det latinske "sola", "alene" (som papisterne siger), men til "solum" eller "tantum", altså "blot" eller "kun". – Så nøjagtig har æslerne set på teksten i Rom 3, 28! Jeg har ganske vist brugt udtrykket "ved troen alene" (sola fide) i andre sammenhænge, og jeg vil også holde fast ved begge dele, både "blot" og "alene" (solum og sola).[3]

I min oversættelse har jeg bestræbt mig på at give et rent og klart tysk, og det har ofte hændt, at jeg har brugt fjorten dage, ja, tre til fire uger på at lede og spørge efter ét eneste ord, af og til uden at finde det alligevel. Da vi var i gang med Jobs Bog, Philip (Melanchthon), Aurogallus og jeg, havde vi så meget besvær, at vi undertiden brugte fire dage på at færdiggøre mindre end tre linjer. Men nu, kære ven, når det først er færdigoversat, kan hvem som helst læse det og mestre det. Nu kan man lade øjnene løbe over tre til fire sider uden så meget som at standse én gang. Men hvilke sten og stubbe, som har ligget der, mærker man ikke. Hvor man nu spadserer som på et høvlet bræt, har vi slidt og svedt, før vi fik stubbene og stenene ryddet af vejen, sådan at man kunne komme frem så let.

Det er let at pløje, når marken er renset, men at rydde skov og rødder væk og lægge marken til rette, det har ingen lyst til. Men utak er verdens løn. Gud selv får jo ingen tak for sin sol, himmelen og jorden og sin egen søns død! Nej, verden er og bliver en verden i Djævelens navn – anderledes vil den jo ikke have det.

Men her i Rom 3, 28 har jeg udmærket godt vidst at ordet "solum" ikke står i den latinske og græske tekst, så det havde papisterne ikke behov at lære mig. Det er fuldstændig rigtig, at disse fire bogstaver

SOLA ikke står der. Disse bogstaver glor æselhovederne på som køer på en ny ladeport. De ser ikke, at ordet alligevel *ligger i tekstens mening* og hører med, hvor man vil *gengive den klart og tydelig på tysk*. For da jeg tog mig for at oversætte til tysk, ville jeg også tale tysk, og ikke latin eller græsk. Men nu er vort tyske sprog nu en gang sådan, at når der er tale om to ting og den ene skal bekræftes, den andre benægtes, så bruger man ordet "blot" eller "kun" (solum / allein) sammen med ordet "ikke" eller "ingen". For eksempel når man siger: "Bonden har *kun* korn og *ingen* penge med sig." - "Nej, jeg har *ingen* penge for øjeblikket, *kun* korn." - "Jeg har *blot* spist, *ikke* drukket." - "Har du *kun* skrevet og *ikke* læst det igennem?" Sådan siger man på utallige måder i daglig sprogbrug.

I alle disse udtryk er det tyske sprog sådan at det – selv om det latinske eller græske sprog ikke gør det – tilføjer ordet "kun / blot" (allein), for at ordet "ikke" eller "ingen" skal blive desto mere fuldstændig og tydelig. For selv om jeg også kan sige: "Bonden har korn og ingen penge med sig", så lyder ordene "ingen penge" alligevel ikke så fuldstændig og tydelig som når jeg siger: "Bonden har *kun* korn og ingen penge med sig". Her hjælper ordet "kun" ordet "ingen" så meget, at det bliver en fuldstændig og klar tysk udtryksmåde ud af det. *For man skal ikke spørge bogstaverne i det latinske sprog, hvordan man skal snakke tysk, sådan som disse æsler gør. Man skal spørge forældrene i hjemmet, barnet på gaden, de almindelige mennesker på torvet, se på munden, hvordan de snakker og oversætte efter det. Først da forstår de det og mærker, at man taler tysk med dem.*

Lad os tage et eksempel. I Matt 12, 34 siger Kristus ordret: "Af hjertets overflod taler munden." Hvis jeg nu skal følge æslerne, så vil de forelægge mig bogstaverne og oversætte sådan: "Af hjertets overflod taler munden". Sig mig, er det at snakke tysk? Hvilken tysker forstår dette? Hvad er "hjertets overflod" for noget? Det kan ingen tysker svare på. Hvis han da ikke ville sige, at det måtte betyde, at én havde et alt for stort hjerte eller for meget på hjerte. Nej, "hjertets overflod" er ikke tysk, lige så lidt som "husets overflod", "kakkelovnens overflod", "bænkens overflod" er det. Men sådan snakker forældrene i hjemmet og manden på gaden: "Hvad hjertet er fuldt af, løber munden over med". Det er at snakke rigtig tysk, og det har jeg bestræbt mig på, men desværre ikke formået at ramme altid. For de latinske bogstaver er en umådelig stor hindring for den, som vil tale godt tysk.

Et eksempel mere. Forræderen Judas siger ordret i Mark 14, 4: "Hvorfor er dette tab af olie sket?" Følger jeg æslerne og bogstavisterne, må jeg oversætte det sådan: "Hvorfor er dette tab af olie sket?" Men hvad er det for noget tysk? Hvilken tysker snakker sådan: "Der er sket tab af olie"? Hvis han skulle forsøge at forstå det, ville han tænke at olien var mistet, og at man måtte lede efter den. Selv om denne forståelse også er noget dunkel og usikker. Men hvis nu dette er godt tysk, hvorfor træder de så ikke frem og laver os et sådant smukt og fint Nytestamente og lader Luthers Nytestamente ligge? Ja, for de burde da bringe deres evner frem i lyset! – Men sådan snakker en tysker: "Hvorfor ødsle sådan med olien?" Eller "Hvorfor spilde olien sådan?" Det er godt tysk, som lader en forstå, at Maria Magdalena havde sløset og anrettet skade med olien, hun hældte ud. Det var det, Judas mente, for han havde bedre ting at bruge den til.

Endnu et eksempel: Det sted, hvor englen hilser Maria og siger: "Vær hilset, Maria, fuld af nåde, Herren være med dig!" (Luk 1, 28). Hidtil er det blevet oversat sådan, ordret efter de latinske bogstaver. Men sig mig nu, er det også godt tysk? Hvor findes der en tysker, som taler sådan: "Du er fuld af nåde"? Og hvilken tysker forstår, hvad som er sagt med dette "fuld af nåde"? Han vil tænke på et fad fuldt af øl eller en pung fuld af penge! Derfor har jeg oversat det med "du benådede" (holdselige), sådan at en tysker kan forstå, hvad englen mener med sin hilsen. Men her er papisterne rasende på mig, fordi jeg har ødelagt englens hilsen. Og endnu har jeg ikke truffet den bedste udtryksmåde på tysk, for så havde jeg her oversat hilsenen: "Gud hilser dig, kære Maria" (Gott grusse dich, du liebe Maria) – for det er det englen vil sige. Sådan ville han have talt, hvis han skulle have hilst hende på tysk. – Men så tror jeg ligefrem, de havde gået hen og hængt sig af bare andagt for den kære Maria, fordi jeg sådan havde ødelagt hilsenen.

Men hvad kommer det mig ved? Lad dem bare larme og rase. Jeg vil ikke hindre dem i at oversætte til tysk, hvad de vil. Men jeg vil også oversætte, og ikke sådan som de ønsker, men sådan som jeg vil. De, som ikke vil vide af oversættelsen, kan lad den være og beholde deres mesterskab for sig selv, for jeg vil hverken se dem eller høre på dem. De behøver ikke stå til ansvar eller aflægge regnskab for min oversættelse. Hør altså blot: Jeg vil sige "Du benådede Maria", "Du kære Maria", og lad dem sige "Du Maria fuld af nåde". Den, som kan tysk, ved godt hvilket hjertelig smukt ord dette "kære" er: Den kære Maria, den kære Gud, den kære kejser, kære fyrste, kære mand, kære barn. Og jeg ved ikke, om man kan sige ordet "kær" eller "kærlighed" så hjertelig og helt og fuldt på latin eller noget andet sprog, så det trænger ind og giver genklang i hjerte og alle sanser, som det gør på vort sprog.

Jeg mener nemlig at Lukas, som den mester i græsk og hebraisk, han var, har villet træffe og tydeliggøre det hebraiske ord, englen brugte, med det græske ord "Kexaritomene".[4] Og jeg kan tænke mig, at englen Gabriel har talt med Maria på samme måde, som han talte med Daniel, da han på hebraisk kaldte ham "højtelskede" eller "kære".[5] Englen har altså sagt: "Kære Daniel". For det er Gabriels måde at tale på, som vi ser i Daniels Bog 9, 23 og 10, 11. Hvis jeg nu skulle oversætte bogstavelig efter æselkunsten, måtte jeg sige sådan: "Daniel, du begæringernes mand", eller "Daniel, du lysternes mand". Det ville være nydelig tysk! En tysker hører ganske vist at "mand", "lyster" eller "begæringer" er tyske ord. Skønt helt godt tysk er det næppe. Ordene "lyst" og "begær" havde nok været bedre. Men når de bliver stillet sammen på denne måde: "Du begæringernes mand", da forstår ingen, hvad meningen er. Måske tænker man, at Daniel var fuld af syndige lyster? Det ville sandelig være en fin oversættelse. I dette tilfælde må jeg altså lade bogstaven fare og undersøge, hvordan en tysker siger det samme som hebræeren mener med "hamudot". Da finder jeg, at tyskeren siger: "kære Daniel", "kære Maria", eller "du yndige pige", "du skønne jomfru", "du ædle kvinde" og lignende. For den, som vil oversætte, må have et stort ordforråd, sådan at han har noget at vælge mellem, når et og samme ord ikke lyder rigtig på alle steder.

Men hvor langt og længe skal jeg udbrede mig om det at oversætte? Hvis jeg skulle angive årsagerne og tankerne bag alle de ord, jeg har valgt, måtte jeg vel have et år til at skrive det. Hvilken kunst og arbejde det er at oversætte, har jeg erfaret rigelig, derfor vil jeg ikke finde mig i noget paveæsel eller mulæsel som dommer eller kritiker på dette område. Den, som ikke kan lide min oversættelse, kan bare lade den i fred. Djævelen skal takke den, som ikke kan lide den, men uden min vidende og vilje leger skolelærer med den! Hvis nogen skal mestre den, så skal jeg nok gøre det selv. Og hvis jeg ikke gør det selv, så kan man lade min oversættelse i fred. For sig selv kan enhver gøre hvad han vil – og for øvrigt have en god dag!

Det kan jeg bevidne med god samvittighed, at *jeg har lagt min største trofasthed og flid i arbejdet* og aldrig haft *bagtanker* med det. For jeg har ikke taget en krone for det, ikke bedt om det og heller ikke fået det. Lige så lidt har jeg søgt min egen ære med det. Det ved Gud, min herre! Jeg har tværtimod gjort det til gavn for alle mine kære kristne og til ære for Ham, som sidder deroppe. Hver time på dagen gør han så meget godt mod mig, at hvis jeg havde oversat tusinde gange så meget og tusinde gange så flittig, havde jeg alligevel ikke gjort mig fortjent til at leve en time eller have et friskt øje. Hvad jeg er og har, skyldes alt sammen hans nåde. Ja, det skyldes hans dyre blod og hårde sved. Derfor skal også alt tjene ham til ære, med glæde og af hjertet, så sandt Gud vil. Hvis svindlerne og paveæslerne skælder mig ud, så får jeg dog min ros af de fromme kristne og deres Herre, Kristus. Hvis bare én eneste kristen anerkender mig som en tro arbejder, har jeg fået løn nok. Jeg spørger ikke efter paveæsler. De er ikke engang værdige til at anerkende mit værk. Det ville knuse mit hjerte, hvis de roste mig. Nej, at de skælder mig ud, er min højeste ros og ære. Jeg forbliver dog teologisk doktor, ja, en ganske fremragende doktor, og den titel skal de aldrig tage fra mig, om de så fortsatte til dommedag. Det véd jeg bestemt.

På den anden side har jeg ikke været alt for fri, når det gælder at lade bogstaven fare. Sammen med mine hjælpere har jeg tværtimod med stor omhu taget hensyn til den. Hvor det for eksempel har været af særlig betydning, har jeg *bevaret den bogstavelige ordlyd* og ikke taget mig nogen frihed her. Som f.eks. i Joh 6, 27, hvor Kristus siger: "Ham har Faderen, Gud selv, sat sit segl på." Her havde det vel været bedre at sige: "Ham har Faderen markeret", eller: "Det er ham, Faderen mener". Men jeg har hellere villet bryde med det tyske sprog end at vige fra ordlyden her. Ak ja, det at oversætte er ikke en opgave for enhver, sådan som disse tossede hellige tror. Det er brug for et ret, fromt, trofast, flittig, frygtsomt, kristent, lærd, erfarent, øvet hjerte til det. Derfor mener jeg, at ingen falsk kristen eller sværmer kan oversætte korrekt. Rigtignok kan det se sådan ud med oversættelsen af profeterne, som er udgivet i Worms, hvor det er vist stor flid, og hvor man næsten helt har fulgt mit tysk. Men der har været jøder med i spillet, som ikke har haft meget til overs for Kristus – ellers havde der været evner og flid nok.

Tekst og mening

Så meget om at oversætte og om sprogenes særpræg. Men nu er det ikke kun sprogenes særpræg, jeg har været tro mod og rettet mig efter, når jeg i Rom 3, 28 bruger vendingen "kun ved troen" (solum / allein). Det er Paulus' *tekst og mening*, som fordrer og tvinger det frem med uimodståelig kraft. Han behandler nemlig her, *selve hovedstykket i den kristne lære*, at vi ved troen på Kristus bliver retfærdiggjort uden nogen lovgerninger. Og han udelukker alle gerninger så totalt, at han endog siger, at loven ikke hjælper til retfærdighed - selv om det er Guds lov og ord, det drejer sig om. Som eksempel sætter han Abraham og siger, at han blev retfærdiggjort helt uden gerninger. Selv den vigtigste af alle gerninger, som på den tid netop var indstiftet af Gud før og over alle andre gerninger, nemlig omskærelsen, hjalp ham ikke til retfærdighed. Tværtimod blev Abraham retfærdiggjort ved troen, uden omskærelsen og uden nogen som helst gerninger. Sådan står der i Rom 4, 2: "Hvis det var af gerninger, Abraham blev gjort retfærdig, har han noget at være stolt af; dog ikke over for Gud." Men der, hvor man så fuldstændig udelukker alle gerninger, må meningen være at troen alene retfærdiggør. Og den, som vil tale enkelt og klart om en sådan afskaffelse af alle gerninger, må sige: Alene troen gør os retfærdige, ikke gerningerne. *Det er sagen selv, som tvinger det frem sammen med sproget.*

Ja, siger de, men det lyder forargeligt, og folk får den opfattelse, at de ikke behøver at gøre gode gerninger. Kære, hvad skal man sige til dette? Er det da ikke langt mere forargeligt, at Paulus selv ikke kun siger "alene ved troen", men tager endnu kraftigere fat og slår bunden ud af tønden ved at sige: "uden lovgerninger"? Eller når han i Gal 2, 16 siger: "ikke af lovgerninger." Og mere af samme slags andre steder? Udtrykket "alene ved troen" kunne man nok bortforklare med en note, men udtrykket "uden lovgerninger" er så tydelig, så forargelig, så skændig, at man ikke kan redde det med nogen note. Hvor meget mere kunne folk ikke lære her, ikke at gøre gode gerninger, når de hører forkyndt med så klare og stærke ord om gerningerne selv: "ingen gerninger", "uden gerninger", "ikke af gerninger"! Hvis det ikke er forargelig at forkynde: "uden gerninger", "ingen gerninger", "ikke af gerninger", hvorfor er det da forargelig, når man forkynder dette: "alene ved troen"?

Og det, som er endnu mere forargelig, er at det ikke bare er almindelige dagligdags gerninger, Paulus forkaster, men lovens egne gerninger. Det kunne en og anden godt finde på at tage endnu mere anstød af og sige at loven er fordømt og forbandet for Gud, og at man kun skal gøre det onde. Det var jo det, de gjorde, som der henvises til i Rom 3, 8: "skulle vi så gøre det onde, for at det gode kan komme." *Det forsøgte en sværmer i vor egen tid også.* Skal man af hensyn til den slags forargelse fornægte Paulus' ord eller lade være med at tale frit og frimodigt om troen? *Kære, det er jo netop en sådan forargelse, både Paulus og vi ønsker.* Der er ingen anden grund til at vi lærer så stærkt mod gerningerne og alene forkynder om troen end netop den, at folk skal forarge sig, snuble og falde, så de kan lære, at de ikke bliver fromme gennem deres gode gerninger, men alene gennem Kristi død og opstandelse.

Men hvis de ikke kan blive fromme ved gode gerninger efter loven, hvor meget mindre da gennem onde gerninger og uden loven? Man kan jo ikke slutte sådan: Gode gerninger hjælper ingenting, altså må onde gerninger hjælpe. En sådan konklusion er lige så forkert som denne: Solen kan ikke hjælpe den blinde til at se, altså må natten og mørket kunne gøre det.

Det forbavser mig virkelig, at man kan have indvendinger mod noget, der ligger så åbent for dagen. Fortæl mig nu, er Kristi død og opstandelse vort værk, en gerning som vi gør, eller ej? Selvfølgelig er det ikke vores gerning eller nogen lovgerning! Men nu er det alene Kristi død og opstandelse, som gør os fromme og fri fra synder, som Paulus siger i Rom 4, 25: "Han blev givet hen for vore overtrædelser og blev oprejst til retfærdighed for os." Fortæl mig videre: Hvilken gerning er det, vi kan gøre for at gribe og holde fast ved Kristi død og opstandelse? Det kan jo ikke være nogen ydre gerning, men alene den evige tro i hjertet. *Den alene, ja den helt alene og uden alle gerninger, griber denne død og opstandelse, hvor den bliver forkyndt gennem evangeliet.* Hvad er det da, man protesterer imod, hvad er det man bruger kætterstempel og bål for, når sagen er så soleklar og beviser, at alene troen griber Kristi død og opstandelse, uden alle gerninger og at Kristi død og opstandelse er vort liv og vores retfærdighed? *Det er jo i sig selv helt åbenlyst, at det er troen alene som bringer, griber og giver os dette liv og denne retfærdighed – hvorfor skulle man da så ikke også sige det?* Det er ikke noget kætteri, at alene troen griber Kristus og giver livet, men hvis nogen siger det, så er det kætteri. Er de ikke tåbelige, vanvittige, afsindige? Sagen indrømmer de, er korrekt nok – og alligevel revser de det som uret, når nogen taler om den! Men intet kan være ret og uret på samme tid.

For øvrig er jeg heller ikke den eneste eller den første, som siger, at alene troen gør retfærdig. Før mig har Ambrosius, Augustin og mange andre sagt det, og den, som læser og forstår Paulus, må bestemt sige det og kan ikke sige andet. Hans ord er for stærke. De tåler ingen, absolut ingen, gerninger. Men er det ingen gerninger, så må troen være alene. Tænk hvilken nydelig og opdragende lære, det ville være, hvis folk lærte, at de ved siden af troen også kunne blive fromme gennem gerninger! Det ville betyde, at det ikke er Kristi død alene, som borttager vore synder, vore egne gerninger bidrager også med noget. Det ville rigtig være at ære Kristi død, at vore gerninger skulle hjælpe ham og gøre det samme, som han gør. Så ville vi være lige så gode og stærke som ham. Det er Djævelen, er det, som ikke kan lade Kristi død være uskændet!

Sagen selv kræver altså, at man siger: Kun troen gør retfærdig. Og også vort tyske sprog lærer os, at udtrykke det på den måden. Desuden har jeg de hellige fædres eksempel på min side. Og faren er også stor for, at folk skal blive hængende i gerningerne, forfejle troen og miste Kristus. Især nu, hvor de så længe har været vænnet til gerningerne og må rives ud af vanen med magt. Derfor er det ikke blot berettiget, men også højst nødvendig, at man siger det så tydelig og fuldstændig som mulig: Alene troen gør from uden gerninger. Ja, jeg fortryder endda, at jeg ikke har tilføjet ordene "alle" og "alle slags", sådan at der havde stået: Uden alle gerninger, som kræves af alle slags love. Så ville det have været udtrykt fuldstændig dækkende og altomfattende. Derfor skal det blive stående i mit Nytestamente.

Og om så alle paveæsler rasede og skabte sig, skulle de ikke få det fjernet. Nok om det i denne omgang. Ved Guds nåde vil jeg tale mere om dette i min næste bog "Om retfærdiggørelsen" ("De Justificatione").

Om de afdøde hellige beder for os

Til det andet spørgsmålet: Om de afdøde hellige beder for os. På det vil jeg svare ganske kort, for jeg har i sinde at offentliggøre en prædiken om de kære engle. Her vil jeg behandle dette spørgsmål, om Gud vil. For det første véd du, at man i pavedømmet har lært, at de hellige i Himlen beder for os. Det kan man imidlertid ikke vide noget bestemt om, fordi Skriften ikke siger noget om det. Men ikke nok med det. Man har også gjort de hellige til guder, ved at lad dem gøre tjeneste som skytshelgener, som vi skal påkalde. Enkelte af dem har endda aldrig eksisteret. Man har tildelt hver enkelt af helgenerne sin specielle kraft og magt, en over ild, en over vand, en over sygdomme, feber og alle slags plager. Det må være fordi, Gud selv er blevet træt og har overladt det til helgenerne at slide og anstrenge sig på hans vegne. Hvilken vederstyggelighed denne lære er, indser papisterne nu godt, og derfor forsøger de at skjule det under dække af talen om de helliges forbøn. Det må vi imidlertid komme tilbage til en anden gang. Men jeg vil ikke glemme det, og lade denne smukke undvigemanøvre gå upåtalt hen.

For det andet ved du, at Gud ikke med ét ord har befalet at påkalde hverken engle eller helgener. Der findes heller ikke noget eksempel på dette i Skriften. Ganske vist kan man se, at englene har talt med patriarkerne og profeterne, men ingen af dem blev nogen sinde bedt om forbøn. Patriarken Jakob bad heller ikke englen, han kæmpede med, om forbøn, men modtog blot velsignelsen af ham (1 Mos 32, 23-30). Derimod finder man eksempel på det stik modsatte i Johannes' åbenbaring 22, 8-9. Englen ville ikke lade sig tilbede af Johannes. Man kan altså se, at helgendyrkelsen er et rent menneskepåfund og *egen opfindelse uden grund i Guds Ord og Skriften.*

Vi har imidlertid ikke ret til at indføre noget i vor gudsdyrkelse uden Guds befaling. Hvis vi gør det, er det at friste Gud. Derfor er det hverken tilrådelig eller forsvarlig at anråbe de afdøde om forbøn eller lære folk at gøre det. Tværtimod skal man fordømme det og lære folk at holde sig fra det. Derfor tilråder jeg det heller ikke. Jeg vil ikke bebyrde min samvittighed med ansvaret for andres misgerning. Det var svært nok for mig selv at rive mig selv løs fra helgenerne, for jeg var fuldstændig fastgroet og forgiftet af denne lære. Men nu er evangeliets lys så dagklart, at ingen længere har nogen undskyldning for at blive i mørket. Vi ved alle udmærket godt, hvad vi har at gøre.

Desuden er det en farlig og forargelig dyrkelse, som let vænner folk til at vende sig bort fra Kristus, for de lærer snart at fæste større tillid til helgenerne end til Kristus selv. Naturen er jo af sig selv tilbøjelig til at flygte fra Gud og Kristus og stole på mennesker i stedet. Det er overordentlig vanskelig at lære at stole på Gud og Kristus, som vi har lovet og skylder at gøre. Derfor kan man ikke tolerere en sådan forargelse,

16

som svage og kødelige mennesker laver en afgudsdyrkelse af. Det er stik imod det første bud og vor dåb. I stedet skal man frimodigt vende troen og tilliden fra helgenerne til Kristus. Det skal man gøre både ved at lære det og at praktisere det. Der er besvær og forhindringer nok, der forhindrer os i at komme til Kristus og gribe ham ret. Man behøver ikke hænge et skilt op til Djævelen. Han finder selv vejen.

Endelig er vi også sikre på, at Gud ikke bliver vred, hvis vi undlader at anråbe de hellige om forbøn, fordi han ikke har påbudt det nogen steder. For han siger, at han er en nidkær Gud, som hjemsøger misgerninger hos dem, som ikke holder hans bud, men her foreligger ikke noget bud, derfor er der heller ingen vrede at frygte. Når der altså på vor side er sikkerhed, på den anden siden stor fare for at handle mod Guds ord, hvorfor skulle vi da forlade det sikre og begive os ud i faren, hvor vi ikke har noget Guds Ord, som kan holde os fast, trøste eller bjerge os i nøden? For der står skrevet: ”Den, som søger fare, vil gå til grunde i den”. Guds Ord siger også, at du ikke må udfordre Herren din Gud.

Ja, siger de, men dermed fordømmer du jo hele kristenheden, som hidtil har praktiseret dette alle steder. Svar: Jeg ved udmærket godt, at præsterne og munkene søger at skjule deres vederstyggeligheder på den måde at de giver kristenheden ansvaret for deres forsømmelser. Dermed mener de, at når vi siger: ”kristenheden tager ikke fejl”, så skal vi også sige, at de tager ikke fejl. Så kan man jo ikke revses dem for nogen løgn eller vildfarelse, fordi det så er kristenheden, som gør sådan. Dermed er ingen valfart (selv om Djævelen er til stede aldrig så åbenlyst) og ingen afladshandel (hvor grove løgnene end er) uret. Kort sagt: Alt er ren hellighed. Til dette skal du svare, at det i denne sammenhæng ikke er spørgsmål om, hvem som bliver fordømt eller ikke fordømt. Det er et uvedkommende spørgsmål, som de fremfører for at afspore sagen. Hvad det drejer sig om, er Guds Ord. Hvad kristenheden gør eller ikke gør, er en anden sag. Her skal man spørge efter, hvad der er Guds *ord eller ikke er det*. Det, som ikke er Guds ord, skaber heller ingen kristenhed.

Vi læser, at der på profeten Elias' tid ikke fandtes nogen offentlig forkyndelse af Guds Ord eller nogen gudstjeneste i hele Israelsfolket, sådan som han siger: "Dine altre har de revet ned, og dine profeter har de dræbt med sværd; jeg er den eneste, der er tilbage." (1 Kong 19, 10). Her kunne kong Akab og andre sagtens have sagt: Elias, med sådan tale fordømmer du hele Guds folk! Men nu havde Gud alligevel beholdt syv tusinde mand. Hvordan? Tror du måske ikke at Gud under pavedømmet også har kunnet holde sine oppe, selv om så præsterne og munkene i kristenheden bare har været Djævelens lærere og er havnet i Helvede alle sammen? Jo, der er mange børn og unge, som er døde i Kristus, for selv under sin Antikrist har Kristus med magt opretholdt dåben. Desuden har han i det mindste opretholdt oplæsningen af selve evangelieteksten på prædikestolen, Fadervor og Trosbekendelsen. På den måde har han opretholdt mange af sine kristne og dermed sin kristenhed, uden at sige noget om det til Djævelens lærere.

Og selv om de kristne på enkelte punkter har deltaget i den pavelige vederstyggelighed, så har paveæslerne ikke dermed bevist, at de gode kristne gerne har gjort dette, endnu mindre er det dermed bevist, at de kristne har gjort ret i det. *For de kristne kan tage fejl og synde alle som én, men Gud har lært dem at bede om syndsforladelse i Fadervor.* Han har bestemt også vidst at tilgive dem den synd, som de har måttet gøre, uden at ville det og uden at vide det, tvunget af Antikrist. Men det kan man helt klart bevise, at der bestandig og over alt i verden har været privat mumlen og klage over de gejstlige, fordi de ikke gjorde ret mod kristenheden. Lige til denne tid har også paveæslerne vidst at bekæmpe denne mumlen effektivt med bål og sværd. Men denne hvisken viser godt, hvor gerne de kristne har set denne vederstyggelighed, og hvor ret man har handlet dermed. Ja, kære paveæsler, kom endelig her og sig, at det er kristenhedens lære de skammelige løgne, som I forrædere med vold har påtvunget kristenheden, og som I ærkemordere har dræbt mange kristne for! Hvert eneste bogstav i alle pavens love vidner alligevel om, at intet af det nogensinde er blevet lært med kristenhedens vilje og tilslutning. Det eneste, der står, er: "Vi lærer og befaler" Det har været deres Helligånd. Dette tyranni har kristenheden måttet tåle, så nadveren blev frarøvet den og uden dens skyld blev holdt i fangenskab. Og så vil de æsler komme og frembyde dette frække tyranni som en frivillig handling og et forbillede for kristenheden og pynte sig så smukt. Men det bliver for omfattende, at gå i detaljer med. Det må være svar nok på spørgsmålet for denne gang. Mere om dette en anden gang. Og tilgive mig, at jeg har skrevet så langt! Vor herre Kristus være med os alle. Amen.

Fra ørkenen 8. september 1530
Martin Luther,
din gode ven.

Noter

[1] ”Svindleren fra Dresden” = Hieronymus Emser (1478– 1527), en af Luthers argeste modstandere. Når han ikke nævnes ved navn, er det fordi han netop var død. Emsers NT-oversættelse udkom i 1527.

[2] ”Doktor Smed” – Johannes Faber (1478–1541), søn af en smed, fra 1530 biskop af Wien, var en af reformationens argeste modstandere. ”Doktor Snothvalp” = Johannes Cochlæus (1479–1552), betydelig romersk polemiker. Hans øgenavn er et ordspil med hans latinske navn.

[3] Luthers oversættelse forudsætter ordet ”allein” som adverbium (solum), ikke som adjektiv (sola) til ordet ”fide”. Helt nøjagtig oversætter Luther altså Rom 3, 28 sådan: ”Vi fastholder, at mennesket bliver retfærdiggjort uden lovgerninger, blot ved troen.” Han oversætter det ikke sådan: ”…, ved troen alene.”

[4] Græsk: κεχαριτωμενη.

[5] På hebraisk: ”hamudot” – חֲמוּדוֹת - og på latin ”desideriorum”.

Martin Luther

Mod Cochlæus

Indledning

Den katolske teolog Johannes Cochlæus udgav i 1522 sin bog "Om sakramenternes nåde". Det var en reaktion på Luthers skrift året før "Begrundelse og hjemmel". I det følgende lille skrift "Mod den svært bevæbnede Cochlæus" fra 1523 svarer Luther så på Cochlæus' argumenter.

Det helt centrale emne i denne debat mellem Luther og Cochlæus er selve hovedsagen i reformationen, nemlig spørgsmålet om menneskets frelse. Sker retfærdiggørelsen alene ved tro eller kræves der også en række supplerende gerninger fra vores side?

Luthers svar henter han hos Paulus i Romerbrevet 3, 28. I de foregående vers har Paulus netop behandlet forskellen på tro og gerninger. I vers 28 kommer hans konklusion så, hvor gerningernes frelsende betydning afvises og hele frelsen tilskrives troen på Kristus. "Vi konkluderer altså, at mennesker bliver retfærdiggjort ved tro, uden lovgerninger," – siger Paulus ordret på græsk i vers 28. For at det skal blive ordentlig tysk, tilføjer Luther så sit berømte "alene" her: "Vi konkluderer altså, at mennesker bliver retfærdiggjort ved tro *alene*, uden lovgerninger." Saglig set må det da også være forsvarligt, da Paulus kun sammenligner *to* ting her, og altså afviser den ene, nemlig gerningerne. Altså er der alene troen tilbage.

Cochlæus forsøger at bevise, at Luthers lære om retfærdiggørelse ved tro alene er falsk, da jo også dåben retfærdiggør ifølge Skriften. Denne indvending giver Luther lejlighed til en klargørende præcisering af forholdet mellem dåb og tro. Luther gør blandt andet opmærksom på, at dåben og troen jo har to forskellige funktioner. Læren om frelse ved tro alene udelukker ikke dåben, men alene gerningerne. Dåben er derimod sammen med ordet nådemidler, som Gud bruger til at *række* os frelsen med. Men troen er den eneste måde, vi kan *modtage* frelsen på.

Navnet "Cochlæus" er latin og betyder egentlig snegl eller sneglehus. Luther benytter sig af denne betydning i sin polemik. Den direkte årsag til Luthers skrift er en opfordring fra Wilhelm Nesen, der var rektor ved gymnasiet i Frankfurt og en af Luthers tilhængere. På trods af sit centrale tema har dette skrift ikke tidligere været oversat til dansk og er her oversat efter originalteksten i Weimar Udgaven (WA) 11, 295-306.

Finn B. Andersen

Martin Luther
Mod den svært bevæbnede Cochlæus

Om tro og gerninger

Min kære ven, hvis det ser ud som om jeg opfører mig tåbeligt under denne fastelavnsfest, så må du huske på, at du selv har insisteret på, at jeg skulle svare. Du nøder mig til at skrive mod et sådan menneske, som du selv sammen med folkene i Frankfurt allerede har erkendt, at han er forrykt og vanvittig. Desuden ser det ud til, at han kun har udgivet sin nye bog, for at demonstrere sit vanvid offentligt for hele verden. For det er ikke andet end vanvid, at han nu roser sine våben. Herren har jo allerede gennem mig såret paven, biskopperne, klostrene og de teologiske læreanstalter, ja, hele den papistiske kirke. De er blevet til spot i hele verden.

Og så kommer denne lille Snegl og kræver våben. Paven føler sine sår, papisterne beklager deres fald og fra alle sider ser de dødsbilleder. Og så kommer Cochlæus og påstår, at jeg ingen våben har. Og for nu at svare narren i overensstemmelse med hans narreværk: Hvis jeg ingen våben har, hvorfor klager og hyler sneglen så over, at jeg har udrettet så store ting? Hvorfor skriger han så jammerligt over, at jeg har fordærvet hans kære Philip Melanchthon, som han agter så højt? Hvis jeg alene har udrettet det med halmstrå og andedun, hvorfor bestormer han mig så med et så stort våbenarsenal? Hvorfor foragter den store Hector så ikke bare den barnlige, tøsede Luther?

Hvis der desuden var lidt fornuft tilbage hos denne nar, kunne han se på, hvordan det er gået andre, der er trådt op mod Luther, folk, som denne snegl ikke når til skosålerne. Ikke mindst Eck, der uden sammenligning har betydelig større indsigt i den katolske teologis vildfarelser. Han havde desuden både den pavelige bandbulle og hele den katolske kirkes magt i ryggen, da han gik i krig mod mig. Alligevel har han ikke høstet andet end skam. Her kunne Sneglen også påstå, at det var sket uden våben. Og universitetet i Paris har gjort sig selv sådan til grin i denne sag, så de er kommet i evigt vanry på grund af deres gudløse uvidenhed.

Hvis min kære Snegl var lidt klog, burde han overveje, hvad han med sine spinkle følehorn ville kunne udrette mod den person, som hverken teologerne i Paris, Köln, Leuven og Rom sammen med paven med al sin magt har kunnet overvinde. Hans eneste håb er, at han kan prale med, at han har skrevet en bog mod Luther. For der er allerede skrevet mange bøger mod mig, hvis eneste ære og ros er titlen: "Mod Luther." *Uden min vilje og mod min vilje* er jeg blevet trukket frem i offentligheden gennem Kristus og må nu bære alt møg frem sammen med mig. Det er ligesom med misundelse. Det er som møg på et hjul. Det vil altid med op.

Ved rigsdagen i Worms

Se nu hans narreværk af et bevis, at han påstår at have talt sådan med mig i Worms, at jeg blev rørt til tårer. Jeg vil undskylde dette bevis som dumhed og ikke ondskabsfuldhed, for det er bedre at anse ham for en nar, man kan have medlidenhed med end for en skurk, som man må fordømme. For hvis han var ved sine fulde fem og løj så uforskammet, hvem ville så ikke sige at denne skovsnegl er en ærkeskurk? Denne store taler, talte og handlede nemlig så barnligt mod mig i Worms, at han blev udleet som en nar af alle de tilstedeværende, selv om jeg forsøgte at afværge det. Jeg kalder hans egen samvittighed som vidne, hvis han ellers i et lys øjeblik kan huske det, hvilken hån og spot han fik selv fra Dr. Hieronymus Schuft. Især da han ville optræde som en fuld bevæbnet kriger.

Så vil jeg også tilskrive denne løgn hans sygdom og ikke ondskab, at han praler af en sejr, da jeg nemlig afviste hans ønske om at debattere med mig. Som også Cochlæus selv må indrømme, forholder det sig nemlig sådan: Enten på grund af egen dårskab eller efter andres indskydelse fremkom han med ønske om at debattere med mig, hvis jeg først opgav mit frie lejde fra kejseren. Inden jeg kunne nå at svare

brød alle ud i latter på grund af denne mands vanvittige idé. Nogle
anså ham for en nar, når han ikke ville debattere, før jeg gav afkald på
mit frie lejde - som om man ikke skulle kunne debattere under frit
lejde. Andre beskyldte ham for at være en ondskabsfuld forræder, som
slet ikke ønskede at debattere, men blot ville overgive mig til papi-
sterne så snart jeg havde opgivet mit frie lejde. Dette optrin har givet
denne skovsnegl et så dårligt rygte og modvilje, at han aldrig i evighed
kan ryste det af sig igen. Og dog praler denne fine snegl med, at han
har tilbudt mig en drøftelse, men at jeg afslog det. Han synger sejrs-
sange, selv om jeg hverken afslog at debattere med ham eller at opgive
mit frie lejde. Man kan altså her se, hvor troværdig Cochlæus er i sine
bøger, når han begynder med en sådan uforskammet løgn. Selv om
han blev udleet i Worms, praler han med sin egen skændsel.

Naturligvis forsøger han med denne bog at smykke sin dårskab og
lader som om han blot stadig tilbyder mig at debattere. Han prøver
med pralende ord og trusler at få læserne til at tro, at han virkelig me-
ner det af hjerte. Du milde, hvorfor gjorde han det så ikke i Worms,
hvor han var omkranset af kejserens og pavens beskyttelse? Men det
passer sig godt for en snegl at være så langsom og rose sig længe efter
at sejren er tabt. Hvorfor kommer han ikke bare til Wittenberg? Eller
indkalder mig til et andet sikkert sted? Hvorfor sludrer denne snegl
med så mange unødvendige ord? Det gør han naturligvis fordi han
ved, at en sådan debat aldrig bliver til noget. Den kampudrustede
mand triumferer uden en modstander. Du arme snegl, hvad skulle du
debattere? Du er jo blot en snegl og intet andet. Du har sneglefølehorn,
som kun kan bruges til pynt og til hurtig flugt. Når der ikke er nogen i
nærheden, rejser de sig fint opad i det tomme rum, men så snart de
mærker blot en tråd fra et edderkoppespind, trækker de sig tilbage.

Jeg tror, det skyldes Guds vise råd, at paven og papisterne ikke har
andre til at forsvare sig end nogen, der vanære dem, enten ved frem-
ragende uvidenhed eller uforskammet løgn. Dermed undgår man at
flere bliver forført af den romerske skændsel. Ingen har endnu skrevet
mod mig uden at de åbenlyst, skændigt og mange gange har løjet. Det
står godt nok sløjt til hos paven, når hans støtter ikke tør træde frem

på arenaen, før de har rustet sig godt med løgne. De holder heller ikke op med at lyve, selv om de ser, at flere er blevet afsløret af mig offentligt. De fortsætter alle i løgnens galskab. Her har du altså min kære ven en del af de våben, som passer sig til et sådan menneske. Og hvem skulle de vel også passe bedre til end ham?

Hovedsagen – tro og gerninger

Nu vil vi gå til sagen og undersøge den bevæbnede snegls øvrige våben. Og jeg vil efterligne hr. Skovsnegl, for at gendrive en eller to artikler, som er de vigtigste. Han har nemlig heller ikke angrebet hele Luther, men alene de tre første artikler [i skriftet "Begrundelse og hjemmel"], som jeg skrev mod den eckisk-pavelige bandbulle. *Cochlæus er i sin bog mest optaget af at bevise, at det er falsk og kættersk, når jeg påstår, at det alene er ved troen, vi bliver retfærdige.*

For at du kan underholde dig lidt med noget, der passer til fastetiden, så prøv engang at se på denne tapper mands uovervindelige våben, min kære ven. Han viser først med mange citater fra kirkefædrene, at vi bliver renset fra synden i dåben, at Kristus udsletter vore synder og at kærligheden skjuler en mængde synder og lignende. Så sammenfatter denne store taler til sidst det hele i denne smukke konklusion: Det er ikke troen, der alene gør retfærdig, for Helligånden gør også retfærdig, nåden gør også retfærdig, dåben gør også retfærdig, Kristus gør også retfærdig, kærligheden gør også retfærdig, osv. Fortsæt du bare Luther med at påstå, at Cochlæus ikke er en velbevæbnet mand.

Min kære ven, måske dirrer du af vrede eller slår dig på lårene af grin. Ikke desto mindre taber jeg, fordi du har befalet mig at bruge den kostbare tid på denne dumme snegl. I sit skrift har han ikke engang brugt så megen omtanke, at han har givet agt på, *hvad striden handler om* eller hvad, der er *sagens kerne*, for nu at tale filosofisk med sneglen. I så fald ville han have vidst, hvad han skulle skrive om og gendrive.

I øvrigt undrer det mig, at denne flittige afskriver ikke har udvidet sin konklusion. Paulus skriver jo i Rom 11, 14, at han selv anstrenger sig for at frelse nogle af jøderne. Altså kan også en apostel og en prædikant frelse og ikke alene troen. Altså er Luther en kætter. Vi må hellere hjælpe skovsneglen, der anstrenger sig sådan i sit sneglehus. Lad os derfor på god embedsmands vis stille måderne at frelse på op på en række:

Faderen frelser.

Sønnen frelser.

Helligånden frelser

Kristus frelser.

Nåden frelser.

Troen frelser.

Kærligheden frelser.

Sakramenterne frelser.

Prædikanten frelser.

Gerningerne frelser.

Her er ti frelsere. Altså er det ikke alene troen, der frelser. For slet ikke at nævne den allermest kendte frelser, nemlig Guds Ord, som kaldes frelsens ord, fordi det kan frelse vore sjæle, som Jakob skriver (Jak 1, 21).

Og se nu blot vores dygtighed. Vi vil på god embedsmands vis smukt *præcisere forskellene på deres måde at frelse på:*

Faderen iværksætter frelsen.

Sønnen realiserer frelsen.

Helligånden uddeler frelsen.

Kristus erhverver frelsen.

Nåden tilregner os frelsen.

Troen modtager frelsen.

Kærligheden praktiserer frelsen

Sakramenterne symboliserer frelsen.

Prædikanten forvalter frelsen.

Ordet lærer frelsen.

Gerningerne viser frelsen.

Alt sammen på godt kampudrustet, pansret, sneglesnoet facon. – Altså retfærdiggøres vi ikke ved troen alene. Og altså er Luther en kætter. Og altså er Cochlæus en godt oprustet mand.

Vi ser altså, at ingen bog er så dårlig, at der ikke også står noget godt i den, som Plinius siger. For hvis Cochlæus ikke havde lært os, at frelsen også kommer fra Gud, ved Ånden og ved sakramenterne, hvordan skulle kirken da kunne bestå? Eller troen? Eller Kristus selv? Tak til den nye Atlas, der med sine stærke og godt rustede skuldre, forhindrer himlen i at styrte ned, hvad den jo ellers ville.

Men det må være nok pjat mod dette tåbelige hoved, som jeg har ledt dig på vildspor med. Nu vil vi også tale en smule seriøst om sagen. Men ikke på grund af Cochlæus, der som et svin ikke er værd, at man kaster disse perler for ham.

Troen alene i Romerbrevet

Vi vil gøre det for deres skyld, der ærgrer sig gevaldigt over, at jeg har sagt, at vi retfærdiggøres ved troen *alene* [i Rom 3, 28], når man ikke finder ordet "alene" på græsk hos apostlen. Man hævder, at jeg har tilføjet ordet for at snyde og bevise mit kætteri. Derfor må jeg nu angive mine grunde til min frækhed og pænt rense mig for denne beskyldning. Så kan man se, at jeg også forstår at svare pænt og ydmygt, hvis der er mennesker til stede, der fortjener at høre Guds ord.

For det første har jeg forsøgt, at *gengive meningen i Paulus' ord så klart som muligt.* Den er nemlig blevet tildækket ved de pavelige teologers lange og gudløse misbrug af ordet. Når Paulus i Romerbrevet behandler troen og de gode gerninger over for retfærdiggørelse ved gerninger, er hans hensigt tydeligvis at fratage gerningerne enhver andel i retfærdiggørelsen og alene tilskrive det troen. Sådan lyder han ord nemlig: "Af lovgerninger bliver intet menneske retfærdigt over for ham." (Rom 3, 20). Og: "Vi mener, at et menneske gøres retfærdigt ved tro, uden lovgerninger." (vers 28). Og: "Alle har syndet og har mistet herligheden fra Gud, og ufortjent gøres de retfærdige af hans nåde ved forløsningen i Kristus Jesus. Ham gjorde Gud ved hans blod til et son-offer ved troen. (vers 23-25). Og Rom 14, 23: "Alt, hvad der ikke er af tro, er synd."

Til sidst beviser han det mægtigt med Abrahams eksempel. Han blev nemlig ikke retfærdiggjort ved omskærelsen, som ellers var den bedste og fineste gerning, og som Gud selv havde befalet og som Abraham udførte i fuld lydighed. Nej, Abraham blev retfærdiggjort *ved tro før omskærelsen*. Desuden siger Paulus, at Abraham ikke havde nogen ros for Gud, selv om han var blevet retfærdiggjort ved en eller anden gerning. For Skriften siger: "Abraham troede Gud, og det blev regnet ham til retfærdighed." (Rom 4, 3). Det er virkelig stråleklar lyn fra Guds ord.

Sig mig så, om ikke Paulus meget stærkere end mig understreger, at vi alene bliver retfærdiggjort ved troen, selv om han ikke bruger det lille ord "alene", som jeg gør? Den, der siger, at gerninger ikke retfærdiggør, men at troen retfærdiggør, han understreger så sandelig meget stærkere, at alene troen retfærdiggør end hvis man siger: "troen alene retfærdiggør". Det sidste lyder måske klarere, *fordi både Paulus' sprogbrug og hans mening er kommet ud af brug og er blevet fordunklet på grund af de pavelige teologer.* At Paulus her taler om den åndelige retfærdiggørelse, eller som sofisterne plejer at sige, om den saglige og personlige retfærdiggørelse (justificatione formali et subjectiva) er alle klar over, lige med undtagelse af Cochlæus. For Paulus kæmper mod gerningerne og retfærdiggørelse ved loven og har at gøre med en sag, der angår samvittigheden, hvor alene troen er alt og gerningerne intet. Ja, gerningerne er jo frugter på det træ, der allerede inden er from og retfærdig ved troen. Det er således også umuligt ifølge almindelig sund fornuft at blive retfærdig ved gerninger.

Cochlæus opstiller falske alternativer til troen

Derfor er det også fuldstændig tåbeligt, at Cochlæus kommer frem med denne spidsfindighed: Hvis alene troen gør retfærdig, så gør Helligånden ikke retfærdig. Eller: Hvis Helligånden retfærdiggør, så er det ikke alene troen, der retfærdiggør. Det er jo ikke det, striden handler om. *Spørgsmålet gælder alene tro og gerninger*, om man skal tilskrive gerningerne noget af retfærdiggørelsen. Og da apostlen ikke tilskriver dem noget som helst, tilskriver han det helt sikkert alene til troen. Jeg kunne ikke forestille mig, at nogen var så tåbelig, at han tror, jeg vil hævde, at vi ikke bliver retfærdige ved Kristus, eller ved Helligånden, eller Ordet, sådan som Cochlæus har fremstillet det i sin bog. Han viser tilstrækkelig, hvordan han intet forstå om troen, nåden, Kristus, kærligheden og sakramenterne. Jeg vil påstå, at ingen forstår hans bog mindre end ham selv.

I mit skrift "Begrundelse og hjemmel" tilskriver jeg retfærdiggørelsen alene til troen. Min hensigt er nemlig at gendrive de katolske filosofi-teologers og munkenes gudløse lære, som har forført hele verden til at stole på gerninger. Jeg er godt klar over, at de ikke *med ord* vil benægte, at retfærdiggørelsen sker ved Kristus, ved dåben og Helligånden. Men jeg ved også, at de benægter, at det alene er troen, der retfærdiggør og at de i stedet for tilskriver næsten al æren for retfærdiggørelsen til gerningerne. Hvis de ikke gjorde det, ville der ikke være det store antal klostre, stiftelser, skoler og utallige andre tiltag, i hvilke de vil retfærdiggøre sig ved hjælp af gerninger. Alle disse ting grunder sig på gerninger og ikke alene på troen. *Og de har opdigtet, at troen er, jeg ved ikke hvad for en skjult ting i sjælen.* Og at troen blot er en af de gode dyder, men ikke *essensen* af dem alle. Det er derfor ikke fair, at du river mine ord ud af deres sammenhæng eller af den konkrete sag, som handler om tro og gerninger, hvor jeg skriver for at undervise samvittigheden. Du kan ikke overføre det til spørgsmålet om, hvad Gud formår, som jo *virker troen.*

Desuden er der nogen, der forstår Paulus' tale om lovgerninger sådan at det ikke omfatter alle gerninger, men *kun de ceremonielle gerninger.* Dem vil jeg ikke diskutere med, i hvert fald ikke nu, da det virker som om de *ikke virkelig ønsker* at forstå Paulus. Omskærelsen var med garanti en virkelig god gerning, der, som sagt, blev udført med fuld lydighed og helt var et værk af den allerede retfærdiggjorte Abraham. Derfor måtte den også i højeste grad behage Gud mere end nogen gerninger, vi selv kunne finde på at kalde for gode. Alligevel fraskriver Paulus omskærelsen at kunne retfærdiggøre.

Dåb og tro

Og at Peter skriver, at dåben frelser (1 Pet 3, 21), er ikke i modstrid med min lære, at det alene er ved tro, vi retfærdiggøres. Det må enhver kunne se. *Sandelig, dåben retfærdiggør ikke uden tro, men troen retfærdiggør uden dåben.* Derfor kan man ikke tilskrive dåben en del af retfærdiggørelsen. Hvis den bidrager til retfærdiggørelsen i nogen del, kan man ikke nægte, at dåben retfærdiggør uden tro. Men da dette benægtes, står vi med rette tilbage med troen alene. *Peter vil altså blot ved dåben eller det ydre tegn fremkalde og øve troen,* som frelser os. Selv ikke Ordet, der *langt overgår det synlige tegn,* kan i sig selv retfærdiggøre, hvis man ikke tror. Som Hebræerbrevet 4, 2 siger: "De havde ikke gavn af at høre ordet, fordi de ikke modtog det i tro, da de hørte det."

Selv om nogle af fædrene har ment, at *sakramenterne retfærdiggør af egen kraft,* så regner jeg det ikke. Heller ikke selv om Augustin lærer det, som Cochlæus påstår. De er blot mennesker, der ofte var i modstrid med sig selv og lærte meget ud fra fornuften og uden Skriften. Vi følger derimod den sikre Skrift, der lærer, at *hverken ord eller tegn gavner noget uden tro.* For det, som Cochlæus især lægger vægt på, nemlig at børnene, der er uden tro, bliver retfærdiggjort ved dåben, *det benægter vi på det stærkeste.* Vi siger med Augustin: "Ikke sakramentet, men troen på sakramentet, retfærdiggør." Og ligeledes: "Det retfærdiggør, ikke fordi det udføres, men fordi det tros." Selv om Augustin så siger noget andet andre steder, følger vi ham kun, hvor han stemmer med Skriften, og forlader ham, hvor han lærer uden for eller imod Skriften. Det er altså forgæves, Cochlæus anfører så mange fædre, som om han kunne tvinge os med menneskeord. *Vi har altid sagt, at i sager, der angår samvittigheden, holder vi os alene til Guds ord,* da alene Gud og ikke mennesker skal regere og lære samvittighederne.

Vi benægter imidlertid ikke, at børn skal døbes eller mener, at de bliver døbt uden tro. *Vi siger, at de tror i dåben* ved ordets kraft, der renser dem og ved kirkens tro, der bærer dem frem og gennem bønnen *skaffer dem deres egen tro.* Ellers ville det jo være en grov og utålelig løgn, når man spurgte barnet, om det tror og ikke døber det, hvis ingen svarer for det: Jeg tror. Hvorfor skulle man spørge dem, om de tror, hvis det er sikkert, at de ikke tror, som Cochlæus hævder? Og hvad så om Augustin har lært det? Cochlæus må stille sig tilfreds med, at vi *prøver menneskers udtalelser på det guddommelige vidnesbyrd.* Ja, hvis det er sandt, at børnene ikke tror, når de døbes, da mener vi, at de slet ikke skal døbes, så vi ikke leger med det majestætiske sakramente og ord. Denne benægtelse af børns tro skyldes de romerske universitetsteologer, der som urene dyr roder menneskers udsagn sammen uden at skelne, og lærer modstridende ting samtidigt. De benægter, at børn har tro, og dog kræver de tro af dem, for at de kan blive døbt.

Nåde og tro er samme sag

At nåden retfærdiggør bør Cochlæus forstå sådan, at *troen netop er selve nåden* og ikke forestille sig nåden som et adskilt væsen uden for troen og kærligheden. Så var det ikke nødvendigt, at han argumenterede så tåbeligt: Nåden retfærdiggør, altså retfærdiggøres man ikke ved tro alene. Skriften bruger jo ordet "nåde" til at betegne Guds yndest, at han vil os det godt. *Han retfærdiggør os altså ved at skænke os troen gratis,* ved hvilken vi alene retfærdiggøres.

Ingen steder i hele Skriften læser vi, at kærligheden tilskrives retfærdiggørelse. Den er snarere den retfærdiggørende tros *frugt*, Gal 5, 22: "Åndens frugt er kærlighed". Denne udbredte fejl skyldes, at man misforstår ordene i 1 Pet 4, 8, der er et citat fra Ordsp 10, 12. Her tales nemlig ikke om ens egne synder, men om andres, når der siges: "Kærlighed skjuler mange synder". Meningen er altså, at kærligheden ikke vredes, tåler alt og udholder alt, så man ikke kan synde så meget imod den, at den ikke bærer, skjuler, glemmer og tilgiver det. Disse gerninger retfærdiggør ikke, men hvis man ikke allerede er retfærdiggjort, bærer man ikke disse kærlighedens frugter. At dette er meningen i Ordsp 10, 12 fremgår også af modsætningen i første del af verset: "Had vækker splid". Den, der hader sin næste, søger altså at finde fejl i hans bedste gerninger, men den, der elsker, gør lige modsat, så han bærer og skjuler sin næstes fejl.

Således tror jeg, at der er sagt nok til forsvar for mine tre artikler, som Cochlæus fordømmer. Min lære står stadig ved magt: Vi retfærdiggøres alene ved tro. Dermed nægter vi ikke, at ordet, sakramenterne, Kristus, prædikanterne, Ånden og Gud Fader retfærdiggør. Gud udretter nemlig alt, Kristus har erhvervet frelsen og Ånden uddeler Kristi fortjeneste. Ordet er det middel, hvorved Ånden uddeler Kristi fortjeneste. Det samme er sakramenterne og prædikanterne. *Men vor egentlige retfærdighed tilhører alene troen,* for uden tro gavner hverken Gud eller Kristus eller noget andet til retfærdighed.

I min prædiken om den uretfærdige mammon har jeg sagt, på hvilken måde, man kan sige, vore gerninger retfærdiggør os.

Cochlæus' dialektik og Den Hellige Skrift

Dette må være tilstrækkelig om den seriøse del. Lad os nu igen vende os mod min sære snegl og se, hvordan han vil lære Luther dialektik, så vi kan afslutte dette lille skrift.

I min bog "Begrundelse og hjemmel" skrev jeg, at Paulus hævder, at vi bliver retfærdiggjort ved tro. Jeg tilføjede da, at Paulus ikke siger, at vi bliver retfærdiggjort ved sakramenterne. Her viser min sære Snegl sine skønne følehorn som om han forstår noget i dialektikken. Hans konklusion er dog ikke særlig vægtig. Han spørger mig, hvor jeg har lært dialektik, siden jeg af et benægtende udsagn laver en følgeslutning? Det ville svare til at man siger, at Luther er et æsel, fordi Paulus siger, at han ikke er et menneske. Du milde, hvem falder ikke i svime over Sneglens skarpsindighed, så øjne og ører falder af? Hans smarte dialektik består i, at han kan sige: Altså er du et æsel. Ja, hvem ville ellers kunne gøre Luther til et sådan latterligt æsel end denne fine snegl?

Mit svar er imidlertid dette: Hvor har du lært at måle teologien og den kristne lære efter din stinkende og beskidte regel og følgeslutning? *Du anser måske Den Hellige Skrift for filosofiske narrestreger?* Her viser du klart, din gudløse skovsnegl, hvad du inderst inde mener om åndelige ting, når du *slet ikke skelner* mellem disse ting og vores egne. Min gode mand, hvor ofte har jeg ikke lært og skrevet, at man ikke skal påstå noget, der ikke står i Den Hellige Skrift? Det er noget, Skriften selv ofte siger. Det er også det, Hillarius lærer, og ligeledes Hieronymus og Augustin. Således siger Augustin: ”Jeg tillægger alene de bøger, man kalder de kanoniske, denne ære.” Og Hieronymus siger: ”Det, der ikke har belæg i Skriften, kan man med lige så god ret afvise som godtage.” Her ser du, din filosofi-snegl, hvilke personer din æselskabende dialektik angriber. I åndelige sager er det derfor gyldigt og holdbart, at man af et benægtende udsagn i Skriften drager en følgeslutning.

Hvilket eksempel bringer denne store dialektiker for sin bevisførelse, når han konkluderer på denne måde: ”Paulus siger ikke, at Luther er et menneske, altså er han et æsel.” I stedet for et benægtende udsagn fremfører han et bekræftende. Hvis det skulle være følgerigtig, skulle han jo konkludere sådan: ”Paulus siger ikke, at Luther er et menneske, altså er han ikke et menneske.” *Hans følgeslutning bygger ikke på en holdbar bevisførelse.* Cochlæus er fuldstændig vanvittig og dum, som sofisterne plejer at være. De forstå ikke, hvad de selv siger. Og hvis de endelig forstår det, evner de dog ikke at bruge det ret. Skrub af din snegl, hen hvor du hører til, med din dårlige dialektik, og lær i det mindste at bruge disse ting rigtig. Så kan vi holde det dig til gode, når du bruger det forkert i åndelige sager. Nu skal jeg lærer dig, hvordan en holdbar bevisførelse ser ud. Frankfurterne siger, at Cochlæus ikke har noget hjerte eller en hjerne, altså har du ikke noget hjerte og hjerne. Du kan se, om denne følgeslutning ikke holder.

Bibelen er den højeste autoritet i kirken

Men hvad bestiller jeg dog her? Intet andet end at jeg selv bliver en nar, der spilder mine ord og tid på et så tåbeligt hoved. For hvad kan man udrette hos en, der fremkommer med noget så uhyrligt, at han åbenlyst *foretrækker kirkens mening frem for Paulus' ord*? Eller Paulus' "ordlyd" som han snu og akademisk udtrykker det. Han skriver jo: "Selvom Paulus skulle have sagt det (hvad han ikke har), så skal man dog ikke modsætte sig hele kirken med Paulus' ord. *Kirkens opfattelse er større end Skriftens ordlyd.* Man skal ikke altid følge Skriftens ordlyd."

Hvem forstår ikke så meget om den kristne tro, at man ikke ser, hvilken ånd dette gifthul forsøger at sprede gennem denne armerede snegl? *De forsøger nemlig at gøre Skriften utroværdig*, men dem selv og deres fædre til kirke. Sådan taler Satans uværdige engel, så de kan forblive i sikkerhed for Åndens sværd, og *det står i deres afgørelse både hvad Skriften betyder og hvordan den bør lyde.* Men Gud ske tak, at Kristus har oplyst folk og nu næsten har lært hele verden at stå fast mod denne gruelige gudsbespottelse. Ikke engang en engel fra Himlen skal vi tro, hvis den lærer noget i modstrid med Skriftens ordlyd. Derfor må denne sneglekirke gå til grunde med sin mening og ordlyd.

Hvis Paulus' ordlyd er usikker og ikke bør følges, hvorfor skal man så følge kirkens ord? Udtrykker sneglekirken måske sin mening uden ord? Godt, nu bruger Paulus nogle ord og Sneglen bruger nogle ord. Paulus har én mening og Sneglen med sin kirke har en anden. Så sig mig da, hvilke ord og hvilken mening, vi skal følge? Skal vi så opfinde en ny metode, så vi ikke følger kirkens ord, men en anden kirkes mening? Men denne nye mening udtrykkes jo også med ord. Så bliver det nødvendig med en fjerde ordlyd, som kan gøre os visse. Og efter den fjerde ordlyd må der komme en femte til at opklare den fjerdes mening. Ja, hvornår bliver man da færdig med ordlyden og dens mening?

Skriftens ligefremme ordlyd er kirkens fundament

Efter at de gale og gudløse filosofi-teologer har lært os at anse Den Hellige Skrift for skidt, har de opfundet denne metode: De tolker ikke Skriften ved hjælp af Skriften, men ved hjælp af deres egen gudsbespottende mening. Det påstår de så, er sket med kirkens autoritet. Hvis de i stedet havde studeret flittigt i Herrens lov, som der står, så havde der ikke været nogen grund til *denne tåbelige og gudløse skelnen mellem Skriftens ordlyd og dens mening. Der er aldrig talt noget enklere, renere, klarere eller mere ligetil end Guds Ord.* Men hvordan skulle denne snegl kunne begribe det, når han hele livet har kravlet rundt i sin egen jordiske mødding og gået til grunde i sin urene filosofi? Der er jo ikke noget mærkeligt i, at man ikke forstår det græske sprogs ordlyd, hvis man aldrig har lært græsk. *Guds Ord er alle menneskers lys.* Det var netop derfor, det blev sendt til verden. Det er ikke mennesket, der er lys for Guds Ord, som denne gudsbespottende Cochlæus med sine tilhængere mener.

Vi lærer sådan: "Gud skabte himlen og jorden." Her kan Cochlæus komme og adskille ordlyden og meningen, og vise at Moses siger ét, men mener noget andet. Men han skal bevise det. For hvis det er sandt, at Skriften ét sted har en anden mening end ordlyden, må man sige, at den alle steder har en anden mening end som ordene lyder. Der ville ikke være nogen begrundelse for, at det kun er tilfældet nogle steder og ikke alle steder. Med mindre da sneglekirken kommer med en ny dialektik, der hviler på autoriteten af deres afgørelse: "Vi snegle forbe-

holdes os ifølge nåden og opfattelsen hos vor gud, Aristoteles, fuld-
magten til at afgøre hvor Skriften lyder anderledes end meningen er."
På den måde er Skriftens mening en anden end dens ordlyd, hvor det
behager Sneglen. Men hvad nu, hvis vi så sagde: "Hvorfor skulle man
så ikke sige, at kirkefædrene mener noget andet end det, de siger." Der
findes jo ikke noget mere modsætningsfyldt end kirkefædrenes udta-
lelser. Ingen stemmer overens med hinanden eller med sig selv. *Man
finder ikke ét eneste sted i Skriften, hvor meningen er en anden end ord-
lyden.* Hos kirkefædrene er der derimod mindst hundrede steder, hvor
de mener noget andet end det, de skriver. De fædre, der har Cochlæus'
mening, men ikke Paulus' ordlyd.

Men, som jeg har sagt, så forsøger disse urene snegle alt og anstren-
ger sig på det kraftigste for at *fratage Skriften retten til at dømme og
selv tage den.* Derfor tilskriver de sig selv det, som de burde tilskrive
Skriften. Og modsat tilskriver de Skriften det, de skulle tilskrive sig
selv. De skulle lade sig dømme af Skriften, men se, i stedet dømmer de
Skriften.

Billedtale og metaforer

Det var noget andet, hvis de blot mente, at Skriften undertiden taler i
billeder. Så kunne de med rette sige, at Skriften har en anden mening
end ordlyden. (Det har den dog kun for de katolske teologer, der ikke
er hjemme i grammatikken). Når Kristus siger: "Jeg er verdens lys"
(Joh 8, 12), så lyder det ganske vist for disse teologer som om menin-
gen er en anden end ordlyden. De ved nemlig ikke, at der her er tale
om en *metafor.* Men for de sprogkyndige betyder Skriften aldrig på
noget sted andet end det, som der står og som der helt enkelt siges.

Alligevel beskylder den forrykte Snegl Skriften for fordækthed, ja
vel direkte for løgn, også på steder, hvor den taler helt uden brug af
billeder. Det gælder det aktuelle sted: "Vi retfærdiggøres ved tro." Selv
her påstår Cochlæus, at meningen er en anden end ordlyden.

Men nu må det være forbi med at lege med denne snegl. Selv om Skriften blot siger: "Gud skabte himlen og jorden", så er det dog rigtigt at sige, at Gud *alene* har skabt himlen og jorden, da der ikke er andre skabere. På samme måde *fordrer det tyske sprog* at man siger: "Vi retfærdiggøres ved tro *alene*", selv om der på græsk blot står: "Vi retfærdiggøres ved troen". *Skriftstedet viser jo klart, at intet andet end troen retfærdiggør.*

Hav det god, min kære ven, og hils din Snegl og fortæl ham, at han skal holde op med at spille fornuftige menneskers tid med hans pjat om forskellen mellem betydning og ordlyd. Det er ligeså skørt som det er ugudeligt.

Martin Luthers forelæsning over Salme 121

Tekst: WA 40 III, 46-74. Vorlesung über die Stufenpsalmen.
1532-1533.
Forelæsninger fra 1532-33 over Salme 120-134. Udgivet 1540.

v1 Valfartssang.

Jeg løfter mine øjne mod bjergene,
hvorfra kommer min hjælp?
v2 Min hjælp kommer fra Herren,
himlens og jordens skaber.

v3 Han lader ikke din fod vakle,
han, som bevarer dig, falder ikke i søvn.
v4 Han, som bevarer Israel,
falder ikke i søvn, han sover ikke.
v5 Herren bevarer dig,
Herren er din skygge
ved din højre side.
v6 Om dagen stikker solen dig ikke,
månen ikke om natten.

v7 Herren bevare dig mod alt ondt,
han bevare dit liv.
v8 Herren bevare din udgang og din indgang
fra nu af og til evig tid.

v1 Jeg løfter mine øjne.

Den foregående Salme var en bøn om bevarelsen af den sande lærdom mod sekterernes tunger og ugudelige meninger, hvorved jo Satan fører sin største og fornemste kamp mod kirken. Denne Salme anser jeg derimod for at være digtet til opmuntring for de troende. For den indeholder lærdommen om troen.

Men *troen er kundskab om usynlige ting, der forventes, og den hænger ved forjættelsen og Guds ord.* Men da Guds ord er ophøjet over al menneskelig forstand, og de ting, som i det forjættes, synes enten urimelige eller umulige eller også utrolige for fornuften, er *stadige opmuntringer nødvendige* for dem, som er begyndt at tro, for at de skal vækkes op til modstand mod kødet, der strider mod troen og ordet. Så ikke ånden, nedtynget af kødets vægt, skal vende sine tanker ganske bort fra de usynlige ting og aldeles nedsænkes i de nærværende og synlige ting.

Vort liv foruroliges nemlig ligesom sømandens af bestandige storme. For daglig angribes vi af fristelsernes vindstød, idet sindet bevæges af rigdom eller fattigdom, ære eller vanære, bedrøvelse eller glæde. Deraf følger dybere sjælestemninger, nemlig enten sikkerhed eller fortvivlelse. Når disse stormvinde blæser, bliver det derfor nødvendigt, at man gør modstand ved *den i ordet boende opmuntring,* og at troen drives hen til ordet.

På denne måde opfatter jeg denne Salme at være en lærdom, der påminder os om, at troen i dette liv stadig må holdes i øvelse ved opmuntringer, for at vi ikke under dette livs sorger skal glemme de evige goder.

v1 Jeg løfter mine øjne mod bjergene, hvorfra kommer min hjælp?

Hvad han siger om de hjælpende bjerge indeslutter en modsætning, ligesom al lærdom om troen og al forjættelse fører sin modsætning ifølge med sig, for så vidt man ser hen til kødet. *Der loves de fromme, at det skal ske, at Herren skal stå dem bi; men efter udseendet at dømme synes endog Kristus selv at være forladt på korset.* I lighed hermed antydes der også gennem hele denne Salme en skøn modsætning, som om profeten ville sige: Ved indbrydende anfægtelser og prøvelser af troen løber en hid og en anden did og søger forskellig slags trøst og hjælp. Mener man at have brug for venner, løber man til dem; mener man at have brug for fyrsten, da løber man til ham. Således kan man blandt mit folk se nogle løbe hen til Bethel, andre til Gilgal, andre til Bethaven som til frelsende bjerge, ligesom under pavedømmet nogle løb til Rom, andre til Compostela, andre atter andre steder hen.

Der gives nemlig utallige værn og trøstegrunde, hvilke det i vanskeligheder stedte hjerte sætter sin tillid til og søger hen til, og hvad der er det forunderlige: al anden beskyttelse og trøst modtager det lettere og snarere end den eneste Guds ene og sande beskyttelse. Dette er derfor troens ros, at den i faren ser hen til det eneste frelsende bjerg i Jerusalem med forbigåelse af alle andre bjergfæstninger. Derfor ser troen også med skæve øjne, kan jeg sige, hen til de ugudelige, der forlader troen og den guddommelige barmhjertigheds sande beskyttelse, som dengang fandtes i Jerusalem, og søger sin beskyttelse i andre bjerge. På lignende måde forholder det sig med, hvad vi har iagttaget i pavedømmet.

Her var der forskellige sekter af munke. En holdt sig til Augustins, en anden til Benedikts, en tredje til Frans' regel, uden at man dog søgte andet ved disse løfter end trøst i opnåelsen af den evige salighed. Frygten for Guds vrede og samvittighedens ufred, mente man, kunne læges ved disse trøstemidler. Dette er den menneskelige naturs vis til alle tider. Derfor siger David: andre forlader templet og afskyr Zions bjerg; men jeg forbliver på den sande religions og tros enkle vej, på det frelsens bjerg, Gud selv har grundfæstet.

Men frelsens bjerg kalder han det for at forkaste og fordømme andre bjerge, som vistnok frembyder et skin af at være til værn, ligesom synlig hjælp søges i afgudsbilleders dyrkelse, skønt deri ikke findes nogen sandt hjælp. Således sagde jøderne, at Ba'al hjalp mere kraftig end Herren i templet. Derfor råber de hos Jeremias: ”Vi vil ofre til himmelens dronning; men dit ord vil vi ikke gøre. For fra den dag, vi ophørte at ofre til himmelens dronning, rammer os sværd, hunger" osv. Ved således at forlade templet og den sande gudsdyrkelse sænkedes de dybt i ugudelighed.

Men hvorfor, siger du, gør Gud dette, at billeddyrkelsen og de ugudelige religionsøvelser bringer lykke? Til visse for derved at prøve, om vor tro er sand, og om vi efter de 10 bud i sandhed tror og dyrker én Gud. *Afgudsdyrkelsen bringer vistnok lykke, men kun til en tid.* Således siger Akas: "Syriens kongers guder hjælper dem ; jeg vil også vinde deres yndest, at de kan hjælpe mig." Men hvad siger teksten: "Syriens guder var ham til fordærvelse og hele Israel med ham." Denne ende tager det med sådanne falske værn – således hjælper guld eller mammon menneskene. Det er en stor Gud, som ofte udfrier af nød, opmuntrer, opblæser og gør overmodig, men hvor længe? Jo, så længe vi lever; men i døden forlader den ikke alene sine dyrkere, men sænker dem også ned i helvede. Hvad som helst der findes af menneskelige og synlige trøstegrunde er derfor usikkert og lader mennesket uden hjælp, og dog plager disse ting hjerterne på en forunderlig måde og fører dem ind i sådant mørke, at de aldeles ikke bryder sig om den Gud, som er den evige Gud, der ikke lokker med tomme trøstegrunde, hvori verden søger skærm, men fylder med evig glæde, medens verdens glæde næppe varer øjeblikket ud. For således siger han: "jeg vil atter se jer, og jeres hjerte skal glæde sig, og ingen skal tage jeres glæde fra jer." Lad os derfor lære at holde fast ved Gud og ved *de usynlige trøstegrunde.* Og hvis vi skal lide noget og synes berøvede al trøst og glæde, så skal det ske, når Gud vil lade, som han unddrager os sin omsorg, at vi også selv skal komme til at erkende, at *dette livs lidelse* ikke er at ligne ved den herlighed, der skal åbenbares på os, således som Paulus trøster os.

Dette er derfor meningen af vort vers, at troen er kundskab om de ting, som ikke ses, men dog forventes, for at vi nemlig ikke skal anse den for at være et blot og bart tankefoster, således som Thomas' englelære er. De ting, som forventes, er de, som vi erfarer hos os selv, nemlig en god samvittighed, et glad mod, en ubesejret tro, som holder stand mod fattigdom, misundelse, verdens forargelser, mod vildfarelser, ja mod selve døden. På denne måde må man lære at kende *troens natur, at den nemlig er en vilje eller kendskab eller forventning, som hænger ved Guds ord,* hvilket ord frembyder og påviser *usynlige hjælpemidler,* som hvorvel sikre og usvigelige dog kun er at forvente, men som også, skønt de lader vente på sig, dog vil komme. Man kan ikke påpege sted, tid eller person for dem; for de er usynlige og dog visse. Herhen sigter egentlig Salmens ord: "jeg løfter mine øjne til bjergene, hvorfra der kommer mig hjælp." Her ses han både at mangle hjælp og dog i håb om hjælp at skue den til bjergene og forvente et usynligt forsvar.

På denne måde må også vi forholde os. "Jeg ser ikke, hvad jeg skal spise, hvad jeg skal drikke, hvorfra jeg skal tage det, jeg skal lægge ud; jeg ser ikke, hvordan jeg skal undgå beskæmmelsens overhængende fare, derfor banker hjertet, som om vi var berøvede al hjælp."

Her skal man tænke, at hjælpen sikkert holdes rede, skønt vi er uvidende om, når den vil komme; altså lader os tro og håbe!

Således kan man her lære, hvor vanskeligt det er at tro, idet vi må slå noget fast, som er tværtimod, hvad vi ser, hører eller tænker. *Jeg har ofte været i de største farer,* da så at sige hele verden syntes at have sammensvoret sig mod mit hoved. For min og Kristi fjende, paven, ophørte ikke at ophidse mod mig, hvad som helst der allevegne fandtes af magt og afskrækkelsesmiddel.

Her måtte verden og fornuften snarere råde mig til at tie end til at vedblive at lære med så stor fare. For ingensteds ser man Herrens hjælp, som er usynlig og er skjult for verdens øjne; derfor tænker fornuften blot på, hvad den ser for sine øjne, nemlig undergang. Men jeg tier her om mit mod, tro og håb, skønt jeg også ofte blev ængstet ved disse farer; udfaldet viser i al fald dette, at hjælpen, som var skjult og usynlig for mine og hele verdens øjne, har åbenbaret sig ikke alene således, at der intet ondt overgik mig fra mine mægtigste fjender, men også således, at evangeliets ord daglig gennem nye indtræffende begivenheder forplantedes videre og mægtigere. Da kødet altså ikke formår at beskue det usynlige, så lad os vænne os til, at troen i alle farer kan sige: "Jeg vil løfte mine øjne til bjergene; der er der mere hjælp rede, skønt jeg ikke ser den, ja selv om kødet eller fornuften ser og forventer det modsatte." Således afmaler disse ord skønt troens skikkelse, hvordan den er og hvad den er.

Men der spørges her, hvorfor han siger "til bjergene" og ikke: "til Gud"; dernæst, hvorfor han taler om flere steder og ikke nævner ét bjerg; for denne flerhed synes at begunstige afgudsdyrkelsen. Til det første spørgsmål svarer jeg således: Dette sted og lignende (som: han skal sende dig hjælp fra helligdommen) henhører i egentlig forstand til vor teologi, som lærer, at *Gud vil høres, dyrkes, forventes, påkaldes efter sit ord og ikke efter vore tanker.* Således siger han i Anden Mosebog: "På hvert sted, hvor jeg lader mit navn ihukomme, vil jeg komme til dig og velsigne dig". Derfor var alle jøder, på hvilket sted eller i hvilken egn de end måtte befinde sig, bundne til Jerusalems tempel, så at de endog under bønnerne hjemme i sit hus måtte vende øjnene mod Zion. Gud fandt vistnok også behag i de frommes bøn, som skete i Babylon langt fra templet og Jerusalem, men dog kun, fordi de sang og bad til den Gud, som havde opslået sin bolig på Zion og befæstet sit tabernakel der. Og dette var grunden, hvorfor profeterne fordømte ofringer og anden religionsøvelse, indstiftet eller udøvet på andre steder.

Det var heller ikke nok at sige: "O Gud, du som førte dit folk op fra Egypten", for således kaldte også Jeroboam Gud med hans rette benævnelse og bad måske mere og heftigere end de, som var i Jerusalem og i templet, som det da også er hyleriets art, at afgudsdyrkelsen er meget mere brændende end den sande gudsfrygt. Men hvorfor behagede sådanne bønner ikke Gud? Naturligvis, fordi de andre bjerge ikke var udvalgte, ikke havde Guds ord. Gud ville derfor ikke høre bønner uden på det ene sted, så at de bedende i det mindste måtte vende sig med øjne og hjerter til Jerusalem, om de ikke kunne være der til stede med legemet. Derfor vendte Daniel sig mod Jerusalem, når han ville bede i Babylon – ikke blot, fordi Salomo i sin bøn havde bedt, at Gud ville bønhøre dem, om de nogensinde bortdrevet i landflygtighed vendte sig mod hint sted i bøn, og føre dem tilbage til landet – men

simpelthen, fordi Gud vil tilbedes på det sted, som han selv har ud-
valgt, for at forhindre alle selvvalgte, løse gudstjenester.

Vi i den nye pagt er befriet fra de udvortes steders bånd, som Kri-
stus siger: Der skal komme den tid, da man hverken skal tilbede på
dette eller hint bjerg. Men vort åndelige sted er Kristus Jesus, fordi Gud
har besluttet, at han ikke vil høre nogen bøn uden ved ham efter dette
Kristi ord: "Hvad som helst i beder faderen om i mit navn." Ved ham
ofrer vi derfor Gud vore læbers offer. For *uden for Kristus kan vi ikke
tro, håbe eller udbede os noget. Dette er det ypperste stykke i vor lærdom*;
derfor må der holdes fast. Der har været mange, som har villet behage
Gud uden for Kristus. Således ville Arius, skønt han bortskaffede Kristi
guddom, dog anses for at have den rette Gud. Vore munke tror, at de
behager Gud ved sine løfter og munkeregler. Alle disse løfter sine øjne
ikke til de bjerge, til hvilke David ser hen, dvs. de ser ikke hen til Kri-
stus alene, da dog dette må slås fast, at Kristus alene er vort eneste sted,
vor tid og alle omstændigheder, som udfordres til bøn, så at vi, ligesom
jøderne ikke havde nogen helligdom uden den i Jerusalem, heller ikke
har nogen anden helligdom end denne ene, Jesus, Marias søn.

På denne måde plejer jeg at svare til det første spørgsmål, fordi Da-
vid fæster sin bøn til det hellige sted, der var bestemt i Jerusalem, og
hvortil Gud knyttede den ihukommelse af sit navn, som han havde an-
ordnet for sig selv. Før den tid havde det været i Silo og Gibea, hvor
tabernaklet havde været. På disse steder hørte han bønner og modtog
ofre; på andre steder derimod modtog han hverken bønner eller ofrin-
ger. For der var ikke ihukommelsen af Herrens navn, hvilken han selv
havde gjort sig, men ihukommelsen af afgudsdyrkelsens navn, som de
ugudelige jøder selv havde pålagt sig. Nu derimod i den nye pagt bor
Guds navn i Kristus og i kirken, som er ét legeme med Kristus, og hvor
Guds ord, dåben, Herrens måltid og øvelsen i lydighed mod Gud fin-
des.

Til det andet spørgsmål svarer jeg således, at, skønt han synes at
profetere om den nye pagts kirke, i hvilken der er mange bjerge, ikke
blot ét (dvs. Gud hører i Kristus de troendes bønner overalt, ikke heller
er bønner og gudsdyrkelsen bundet til et vist ydre sted), kan det dog

være tilfældet, at profeten bruger flertallet enten af ærefrygt, eller fordi der var to bjerge i byen Jerusalem, Zions bjerg mod syd og Moria bjerg, hvor templet befandt sig. Men efter hvad jeg før har sagt, antyder flertallet også en modsætning, som om han ville sige: Afgudsdyrkerne løber til sine bjerge; men jeg vil forblive ved mine bjerge, dvs. på dette eneste tempelbjerg, der er mig bedre end alle andre bjerge.

Men at han tilføjer: jeg opløfter mine øjne til bjergene, hvorfra der skal komme mig hjælp, er åbenbart troens røst. For kødet mener, at Djævelen, korset og alle slags besværligheder kommer fra disse bjerge. Derfor kalder den dem ikke for hjælpende, men ødelæggende bjerge, idet den ser, at den for religionens skyld plages af verdens had, fattigdom, kødets fristelser, ængstelser osv. Dette synes at være forladthed, bortkastelse fra Guds ansigt og nedfart til helvede. *Mod denne kødets vane kæmper troen og dømmer ikke efter det, som den sanser og ser, men efter ordet, som Gud taler.* Ordet byder os at tro de usynlige ting, ja så at sige selv at blive ganske usynlige, så at man i fattigdom tror rigdom, i bedrøvelse glæde, i forladthed hjælp, i bortkastelse den mest visse og evige nåde, således som David gør på dette sted. Han er overvældet af ulykker og fornemmer derunder ingen hjælp, og dog siger han: Jeg opløfter mine øjne til bjergene, hvorfra der kommer mig hjælp. *Det gælder altså om at opløfte øjnene og ikke stirre på de nærværende besværligheder.* For det er at give øjne og øren bifald eller at høre på dit kød, som kvæder for dine øren om Guds vrede, om hjælpeløshed, om stor fare, hvorfra der ingen frelse gives. Man må derfor opløfte øjnene til Guds bjerge og vende sine øren til Guds røst, som siger og forjætter, at der skal komme en hjælp fra disse bjerge, som vel er usynlig til en tid, men som dog er sikker og ganske nær. De, som lever i rigdom, ære og værdighed, færdes ikke i usynlige ting; derfor opblæses de let. Men de, som blottede for disse ting arbejder med sjæl og legeme, de bør opløfte sine øjne, at hjælpen, som er usynlig, kan blive synlig for dem, efter hvad der forjættes i ordet.

Disse ord er derfor en mands, som er prøvet i de åndelige ting, og som har følt, hvad vi føler, at nemlig vore sanser betynges, når vi under forladthed ikke ser hjælp, og når vi prøver ikke rigdom, men fattigdom, ikke ære, men vanære. Under sådanne besværligheder er hjertet ligesom en blytung vægt, der trykker øjne og hoved, så at man ikke tænker eller ser noget uden jordiske ting. Han opmuntrer os derfor med sit eksempel til under sådanne omstændigheder at opløfte øjnene og se hen til de usynlige ting, som ordet forjætter som ganske nær forhånden. På denne måde forklarer Salmen troens natur. Nu følger så at sige en udvikling af, hvilke bjerge han taler om.

v2 Min hjælp kommer fra Herren, himlens og jordens skaber.
Han taler om bjerge, men ikke om sådanne, som kødets øjne ser, for hvem skelner vel så skarpt eller er så vis, at han med øjnene kan se, at Moria bjerg er et helligt bjerg. En forhøjning af jorden ser øjnene; men de ser ikke den hellighed, som har sit sæde der, fordi Guds ord er der, fordi Gud har sagt, at han vil bo der, fordi han har sat en ihukommelse af sit navn på dette sted, fordi han vil prises der og ikke i himmelen; for den, som har faret vild fra dette sted, han har endog i himmelen ikke kunnet finde eller gribe Gud, ligesom vi, efter at Gud har åbenbaret sig i mennesket Kristus, med rette siger og tror, at *hvem som helst, der ikke griber dette menneske, født af Maria, simpelthen heller ikke kan gribe Gud*, men, om de end siger, at de tror på Gud, himlens og jordens ophav, *tror de dog i virkeligheden på sit hjertes afgud*, fordi *den sande Gud ikke er uden for Kristus*. Altså betragter David disse Jerusalems bjerge ikke med kødets øjne, ligesom en ko sit græs, men med åndens øjne, fordi Gud bor der ved sit ord. Derfor er disse bjerge ikke længere dynd eller jord; men de er Herrens bjerge og guddommens fylde, således at der uden for disse bjerge *ikke kan findes en smule af Gud*. Altså siger han med rette, at hjælpen kommer fra disse bjerge, dvs. fra Gud, som bor der, ligesom vi tror, at *Kristus er nådens trone*, i hvem alt findes, og uden for ham intet.

Men at han ikke simpelthen siger "Herren", men føjer til: "som gjorde himmelen og jorden", betegner tillige en forkastelse af al anden hjælp, som mennesker søger. For mammon er Gud, dvs. dyrkes som

Gud af mennesker og hjælper mennesker undertiden; men hvad gavner den, når kornet slipper op? Sandelig, ingen kan mætte den hungrende mave med penge. Hvad gavner den i tørke eller i legemets sygdom? Hvis altså mammon ikke kan hjælpe i disse legemlige onder, hvad ville den da gøre, når samvittigheden foruroliges af synd og død? Mammon virker derfor en glæde så stykvis, at den ikke kan være mere udstykket; den fornøjer blot øjnene som et maleri, så at det endog er blevet til et ordsprog hos os, at samtaler om penge bedrøver, medens ord om de allermest ubetydelige ting snarere opmuntrer. Mod disse og lignende hjælpemidler, som verden søger, sætter derfor David Herren, som ikke alene har gjort guldet og sølvet, som ikke alene har gjort vandet, himmelen og jorden, dvs. englene, mennesker såvel som hele skabningen, men foruden alt dette også syndernes forladelse, troen, retfærdigheden, hjertets glæde og fred med selve det evige liv. Denne, siger han, er min almægtige og sikre hjælp, om hvilken jeg ikke kan tvivle, som om han skulle skuffe mig et øjeblik. Af denne Herre søger jeg hjælp, han, som kan give ikke blot sundhed for nogle år, men evigt liv under samvittighedens tryghed også efter dette liv. Men i dette liv skænker han foragt for døden og alle verdens forfølgelser.

På denne måde opflammer profeten sit mod og skærper sin tro, os til et eksempel, at vi også kan forøge vore gaver og vort håb. For hvis bønder kan forøge sine penge, som varer et øjeblik og ikke kan hjælpe i de mindste farer, hvis de kan ophøje sig og opblæses af sine midler – hvorfor kan da ikke vi også opblæses af tillid til en så stor Gud, som har skabt himmelen og jorden, og som i sin hånd har alt, hvad der trænges både for dette liv og det, som kommer? Men fordi disse ting er usynlige, derfor lades de næsten ganske upåagtet af os. Men vi bør lære, at, hvorvel man må faste og undertiden savne denne hjælp, skal vi dog håbe, at den bestemt vil komme.

v3 Han lader ikke din fod vakle, han, som bevarer dig, falder ikke
i søvn.

Dette vers har sin sammenhæng med de foregående. Fordi profeten
nemlig har grundet en opmuntring til tro, så tager han sig for at ind-
skærpe disse forjættelser, at drive på og opmuntre til at holde fast ved
denne tillidsfulde forvisning om guddommelig hjælp. Og det er højst
nødvendigt at opmuntre og påskynde ikke alene andre, men også os
selv på grund af *de synlige og overhængende farer og plager.* For da *de
ting, som bedrøver, er nærværende, men de ting, som trøster, er fravæ-
rende,* så er det af den grund nødvendigt, at vi, mens de nærværende
ting, som plager os, varer, ved ordet anspores til standhaftighed og tål-
modighed. Men denne erfaring må forbindes med lærdom. For vore
øjne er meget for sløve til at kunne trænge igennem til disse usynlige
ting og se en ende på de nærværende plager. Heraf kommer det da, at
naturen altid ser sig omkring efter en måde, hvorpå den kan befries,
og når den ikke ser denne, da den er skjult og usynlig, så føler den pine.
Der trænges derfor til opmuntringer, for at denne vort hjertes natur-
lige korthed eller tranghed – det være mig tilladt at tale sådan – kan
udvides, forstørres og forlænges. Dette kan han, som ser enden på vore
fristelser; hans ord bør høres, vort hjerte bør ikke høres, fordi det blot
føler og ser fristelsens begyndelse og ikke ser smertens ende.

Helligånden begynder derfor at anvende veltalenhed, for at op-
muntringen skal blive så meget herligere. *Og her må der først mindes
om, at denne opmuntring ville være overflødig, hvis vi ikke erfarede så
megen fristelse og smerte.* For dersom fristelsen også havde sin ende
straks i følge med sig, eller Herren ville give, så snart som vi begyndte
at have trang, hvortil var det da fornødent at forjætte noget? Altså er
hverken lærdom nødvendig i de ting, som vi før véd, ej heller opmun-
tring, hvor vi er uden for al fare og fristelse. Når han derpå siger: "Han
skal ikke lade din fod vakle", så betegner han åbenbart denne bekym-
ring, når hjerterne i fristelsen står i fare for aldeles at forgå og forlades.
Her er derfor opmuntring nødvendig, for at troen ikke ganske skal ud-
slukkes.

Fornuften fælder den dom, at man lades uden hjælp og erfarer, som en krigsmand plejede at sige, at der ikke rammer nogen større fare og modgang end dem, der tjener Gud og kejseren med troskab. Siden nu dette forholder sig således, så må man føre sig troens ord til nytte. Dette ord forkynder først, at *alle, som vil leve gudelig i Kristus, skal lide forfølgelse.* Det anfører som eksempel Kristus, der gennem korset er gået ind til herlighed – det påminder os om, at vi bør ligedannes med hans billede, dvs. lide med ham, hvis vi også vil herliggøres med ham. *Altså er trængsler og kors for hånden.* Dernæst viser også ordet, hvad man bør gøre, og hvilke lægemidler man bør søge i sådanne bedrøvelser, at man nemlig må give agt på ordet. Ordet deler fristelsen i begyndelse og ende, dvs. forjætter, at den ikke skal vare evig, som vort hjerte mener. Dernæst erklærer ordet angående begyndelsen, at fristelsen blot skal vare et øjeblik. Således kalder Kristus den noget småt og sammenligner disse bedrøvelser med fødslen, hvori liv og død på det nøjeste er forbundet. For hun, som allerede havde fortvivlet om sit og barnets liv, glemmer straks efter barnets fremkomst alle smerter. Således forkynder Paulus: Lidelserne er ingenlunde værd at lignes med den herlighed, som skal åbenbares på os. (Rom 8, 18).

Denne ordets dom må følges og ikke din sans, som anser ulykken for at være endeløs, og som i sandhed gør et matematisk punkt til en uendelig kugle eller linje. I den grad er vor fornuft ulærd i hin guddommelige og *himmelske matematik,* at den erklærer det, som Gud regner for et øjeblik, et punkt, en dråbe, en gnist, at være en evighed, et uendeligt hav, en ild. Men, siger du, jeg føler og erfarer det således. Men hvad mener du: *mon du føler rettere, eller mon Gud ser vissere og bedre? Altså gælder det, at vi ikke dømmer efter vore sanser, men efter, hvad ordet eller Gud selv i sit ord forkynder og erklærer.*

På denne måde viser historien, at den salige Athanasius, da Julianus forfulgte ham og truede ham med undergang, har sagt, at denne fare var lig en lille sky, som solen om en lille stund ville opløse.

Hvad foragteligere – spørger jeg – kunne der siges om så stor magt, som det romerske kejserriges overhoved tænkte på at anvende, og som rettere kunne sammenlignes med et hav og en uendelig ildebrand?

Men som Athanasius sagde og troede, så skete det også. For Julianus blev lidt efter dræbt af perserne i en ørken; men Athanasius forblev uskadt. Efter hans eksempel skal også vi lære at vurdere vore farer og se hen til forjættelsens ord, for at vi ikke skal hænge fast ved os selv og ved vore sanser, men ved Herrens forjættelse. Død, sygdom, sult, had, hvormed verden forfølger os, skændsel og andre lignende onder er i sandhed onder og sammenlignes med rette med et uhyre og rædselsfuldt uvejr. Dersom vi her tager fornuften med på råd, så ligger vi under; men vi må løfte vore øjne til bjergene, og vi må høre den røst: Jeg er Herren, din Gud, altså ophøj ordet og min hjælp! Når dette sker, da bliver farens storhed foragtelig; derimod vokser Guds ord og forjættelsen i hjertet, så at du kan sige: Lad dette uvejr komme, hvor stort det end er, her er Gud, her er hans ord! Således fører alt Djævelens rasen, ja synden og døden ikke til noget, og det bliver til et lille punkt, som før syntes at være en uendelig masse.

Således bør vi derfor lære Helligåndens inddelinger. Din fader, søn, hustru dør, du mister gods, ære, sundhed og hjertets tillid, undertiden også Kristus; dette er vistnok store ting, men *vogt dig, at du ikke gør en hel klode af øjeblikkets fornemmelse og af dette punkt en uendelig linje.* For hvor stor ulykken end er, så er Gud til visse uendelig større.

Hvis han altså endnu står, hvis han ikke er gåen under, hvad han jo ikke kan, hvor stor vægt ligger der da på, at hustru og børn omkommer for dig? Hvor meget har det da at sige, at dit legeme og dit liv går til grunde? For hvad er dog dette, når du sammenligner det med Guds nåde? I sandhed: Alt, hvad vi har og er, er for intet at regne i sammenligning med Gud og den hjælp, som han forjætter i ordet. Altså lad os fæste blikket på denne hjælp og lære at dele eller adskille ret i fristelsen, nemlig at bedrøvelse og kors kun i sig selv, dvs. for så vidt vort kød og vort hjertes fornemmelse angår, er noget uendeligt. For hvis Kristus og Gud er intet, da ville heller ikke det mindste onde kunne overvindes af os. På denne måde er enhver ulykke uendelig.

Men mon det ikke er løgn, at Gud og Kristus er intet eller ingensteds? Hvis altså Gud og Kristus lever og er til, således, som det nødvendigvis er tilfældet, så må vi ikke fælde nogen afgjort dom over korset efter vort hjerte, men efter forholdets egenskab, dvs. det må sammenlignes med Guds hjælp; da vil det ske, at storhedens egenskab ganske opsluges. *Sygdom er en stor fristelse for kødet*, det er utåleligt at dø, at kastes i ilden osv. Det er noget stort at miste hustru og børn, hvis du blot ser hen til dig selv; men sammenlignelsesvis må dette beskues med henblik til den almægtige Gud, fordi Gud dog endnu bor og regerer, om vi mister disse ting; og han vil dog gøre os salige, om han end en liden stund tillader, at vi bedrøves. Således siger han hos Esaias: "Et lille øjeblik har jeg forladt dig." Dette øjeblik synes kødet noget uendeligt; men, som før sagt, kødets øjne bedrager. Derfor bør dommen opgøres efter forjættelserne om de usynlige ting, og man bør se hen til, hvad Gud siger i sit ord.

Dette er *troens øvelse*, hvorom David påminder os på dette sted, at vi skal lære at se hen til forjættelsen og ordet og dømme efter, hvad de opløftede øjne ser, og ikke efter det nærværende. Men vi erfarer her, at teologien er en uendelig visdom, som aldrig fuldt kan begribes eller gennemlæres. For vi ser den forandring, som pludselige hændelser medfører. I dag er jeg ganske frisk, i morgen dør jeg; denne fare gør, at himmelen og jorden synes os for trange til at rumme os, og hele skabningen bliver os som et helvede. Dette har kødet for skik, og Satan frister også dertil, så at kødet ikke ser Gud eller livet, men anser ulykken for at være uden ende. Men dette er ikke en ret dom, men en løgn af kødet og Djævelen, mod hvilken man må kæmpe og tro, at Gud også bliver ved i vor død, og at vor konge, Kristus, lever; i betragtningen af hans nærhed er min død med alle trængsler og farer ét eneste intet. For hvad er død, hvad er tabet af børn og lignende, hvis du sammenligner det med Gud?

Men hvem har tilstrækkelig lært denne kunst? Tale og undervise kan vi nogenlunde; men det er nødvendigt *gennem erfaring og øvelse at blive en teolog* for at kunne forsikre med David: Han skal ikke lade din fod vakle, dvs. ikke tillade, at du omstyrtes. For kødet protesterer herimod, fordi det ikke alene føler, at foden rokkes, men at man ganske nedtrædes. Se Guds søn, hvad han har lidt! Se Johannes Døberen,

Maria, apostlene, profeterne, hvad de har udstået! Se kirken den dag i dag, hvad den daglig gennemgår! Denne erfaring har givet anledning til dette ordsprog: *"Jo slettere personen er, desto mere lykke har han."* Derfor unddrager verden sig evangeliet af frygt for disse farer. Således finder vistnok tilsyneladende det modsatte sted af det, som David her forjætter; for Herren synes at lade foden vakle. Men han synes også blot således; han gør i virkeligheden ikke således, som det forekommer kødet; tværtimod anser ånden og troen dette for at være en ophøjelse lige over for Gud og en ære, og de anser døden, som man underkaster sig for evangeliets bekendelse, at være begyndelsen til et bedre og evigt liv, medens de anser vanæren som en vidunderlig ære i Guds øjne. Dette er troens dom, skønt kødet sanser anderledes; men på kødets sans skal man ikke grunde sin dom. For hvor ville da ordets lærdom og dette slags opmuntringer og forjættelser høre hen'? Derfor må man vende det onde om til det gode, og hvor kødet synes, at man daglig hengives til at nedtrædes i dynd, bør troen ifølge ordet forkynde, at man lignes med Guds søn og bliver ligedannet med Kristus. For disse ting må tros, da de er usynlige og uanselige; de kan ikke ses og ikke sanses.

De derimod, som ikke vil tro, men følge sin sans, de udvælger sig et punkt af ære og lyst i denne verden. Men hvor elendig vil deres tilstand være, når de efter hint øjeblik af den mest tomme glæde modtages af evige piner og tårer! Hvor meget bedre havde det ikke været at *udholde sygdom og fattigdom en lille stund med Lazarus* end at have overflod med den rige mand i dette liv – og hisset at pines i den evige ild? Denne lærdom vedkommer derfor dem, som vil tro og ikke føle, for at de kan komme til at gøre forskel mellem sine farer og Gud, og for at de kan komme til ikke blot at fæste øjnene på *den nærværende ulykke,* men at løfte dem opad mod den hjælp, som er usynlig og forjættet i ordet. For de farer, de troende udsættes for, bringer til visse foden til at vakle; men troen gør, at foden ikke rokkes til fald, men at vi så at sige springer over disse farernes klipper og kommer til at sammenligne bedrøvelsens punkt med andre udstrækninger, der er uendelige, således som Gud selv er og hans magt, nåde og endelig det evige liv, som han har forjættet dem, der tror på Kristus.

Dette er nødvendigt at vide, for at vi kan trøste os selv og vore brødre, når vi lægges for had for ordets skyld, når vi foragtes, plyndres, dræbes. Hvor vil vi løbe hen i disse ulykker? For de overvinder al vor naturs og vor forstands kraft. Derhen i sandhed, at vi kan sige, at *Gud er større end vore besværligheder*; Gud dør derfor ikke eller forgår, om vi forgår. Derfor må man af hjertet grunde sin tillid på hans godhed og magt, og åndens sans må opløfte sig (for at tale sådan) over kødets og hjertets sans. Lad kun dem, som ikke vil gøre dette, nyde sine vellyster; dog dette skal de erfare følger efter, at de skal drikke bærmen af den kalk, af hvilken de fromme kun drikker en del, som profeten siger i Salme 75, *skønt dette ofte overgår også de fromme, at de bliver hjulpet legemligt.* For Gud forsømmer ingenlunde sine så aldeles, at han aldrig i dette liv skulle vise, at han tog hensyn til dem. *Således genindsættes den fordrevne David i regeringen, den af dødelig sygdom overvældede Ezekias bliver frisk igen*, det blandt hedningerne adspredte jødiske folk føres tilbage. Men her er også sted for troen til at vente på hjælpen. For den er aldeles ikke straks til stede, når vi behøver den eller ønsker, at den skal være forhånden. *Men ligesom de hellige hjælpes i sådanne farer, så er heller ikke de ugudelige altid vel ved magt, men bøder også ofte i dette liv med forfærdelige straffe for sin ugudelighed.*

Vor adel forhåner nu de stakkels hyrder for menighederne og foragter og hader fornæret alle boglige studier. Men for mig står det ikke tvivlsomt, at den tid vil komme, at én menigheds hyrde foretrækkes for 100 sådanne adelige. Således var pavedømmet i lang tid vel ved magt; men vi erfarer, at meget af den gamle magt og vælde er veget fra dem, og at åbenlyse straffe for deres ugudelighed truer dem. Således udøver Gud sin dom også legemlig eller timelig til bedste for de fromme mod de ugudelige. Så meget stærkere bør vi støtte os til ordet og håbe på hjælp, med øjnene opløftede fra denne *følbare elendighed* mod den *usynlige bistand.* Det følgende i Salmen har aldeles den samme betydning; for Ånden har rigelig villet trøste og opmuntre kirken.

Dette er også løgnagtige ord efter kødet; for mon det er at bevare, når vi kastes i fængsel og overleveres bøddelen til at brændes? Når vi fristes af Satan og verden med forskellige besværligheder, ja, når Kristus selv nagles til korset? Når Johannes Døberen efter en skøges forgodtbefindende halshugges? *Mon det ikke er den yderste grad af barbari at kalde dette bevarelse, hvor der er det største forræderi?* Kødet anser derfor ordene for at være udtryk for det modsatte, så at det ved Gud, bevareren, forstår: svigteren. *Derfor er dette åndens og troens, ikke kødets eller sansernes sprog.* For efter kødet har Gud ikke været en vægter for patriarken Jakob, da Josef lå under for brødrenes grusomhed, og dog viser udfaldet, at der har været holdt sådan vagt om ham, at Josef næsten blev konge over Egypten.

Således bevarer Herren os ikke fra at dø, fra at se vor hustrus, vore børns, vore forældres begravelse, for at *plages daglig af Satan* og fra forskellige forurettelser af den utaknemmelige og onde verden. Hvor kommer her bevarelsen til syne? Hvor synes Gud at våge over os? Derfor må man opløfte øjnene til bjergene, hvor han har anordnet ordet; der må man give agt på, hvad han taler fra sit hellige tempel, nemlig, at han ikke er en søvnbetynget svigter, således som vort kød har opgjort sig, men en vogter og vægter, som holder nattevagt over os. *Dette ord klynger troen sig fast ved*, og efter dette ord dømmer den, *hvor meget end kødet protesterer og efter sin sans anser Gud for hverken at se eller høre*, men at være lig dem, om hvilke Salmen siger: de har øren og hører ikke; de har øjne og ser ikke.

Derfor roser kødet sin Gud mammon, at der altid er penge til rede, og hvad der behøves for at leve. Dette lille punkt beundrer og klamrer kødet sig fast ved og ser ikke, hvad der vil ske, når man skal dø og forlade sine midler. Derfor overser det denne vogter, som bevarer ved troen og ordet.

Vi derfor, som er troende og ser denne verdens elendige blindhed, vi skal holde os fast overbeviste om, at hin *troens skjulte varetægt over os er almægtig*. For derhen fører os Den Hellige Skrift, som lærer os, at Djævelens rige er et syndens, dødens og løgnens rige; men, når denne grundsætning står fast, så følger deraf, at Djævelen hvert øjeblik ophidser mennesker til synd, dræber og forfører eller i al fald gør forsøg derpå, for at vi skal synde, dø og fare vild. *Således er vi altid i døden, altid er vi udsat for fare af ugudelige tanker og synd.* Men hvad gør vi under disse *Satans anfald*? Vi lærer naturligvis, skriver, læser, sover, spiser, drikker og udfører andre legemets og sansernes forretninger. *Her underviser vor teologi os gennem vor erfaring*: Hvis ikke Gud vågede, når jeg sov, hvis ikke han var optaget af omsorg, når jeg ikke brød mig om noget, hvis ikke han forsvarede og bevarede mig, når jeg var ubekymret, så ville det hvert øjeblik indtræffe, at vi døde, mistede talens brug, øjne, øren, hænder, fødder osv. *At nu dette undertiden sker, at hustru, børn eller venner mod forhåbning dør eller indvikles i store farer, det er et bevis på, at Djævelens rige er et dødens og syndens rige.* Fordi vi lever i dette rige, medens vi er i denne verden, sker det, at vi også *mod vor vilje ofte henkastes i synder*. Således bliver David en morder og en horkarl, for at vi skal lære, at *Djævelens rige er i denne verden og virker synd og død*. At vi derfor ånder til denne dag, at vi ikke daglig nedsænkes i store synder, det gør denne vogter, om hvem David her taler. Dette indeholder teologien, dette tror de fromme. For de får af sit eget og hele kirkens eksempel at erfare, at Satan ikke hviler, før han får dræbt sjæl eller legeme. Sjælens undergang søger han ved løgn, ugudelig lærdom og falske gudsdyrkelser, legemets undergang søger han ved uendelige anfald, således som vi daglig ser det på os selv og andre. *At derfor disse ting enten ikke falder ud, som de forsøges, eller dog ikke sker så hyppig, det er ikke Satans velgerning, men denne vor vogters og vægters.*

Således fører også erfaringen os dertil (efter at den grundsætning er slået fast, at Djævelens rige er et syndens og dødens rige) at vi uden ophør frelses fra døden og andre såvel legemlige som åndelige farer ved Kristi velgerning, *i hvis rige vi er oversat ved dåben og troen*.

58

Heraf har disse herlige udsagn hos profeterne sin oprindelse, i hvilke de spår, at jorden skal være fuld af Herrens miskundhed, at hans miskundhed varer til evig tid og er uendelig osv.

Undertiden har Satans forsøg ganske vist fremgang, så at han styrter og fordærver mennesker ved pludselige farer. Sådanne hændelser burde være os beviser og eksempler på de ulykker, som han hver time nok ønskede at udføre, ligeså vist som han forsøger derpå – *hvis han ikke blev forhindret ved vor himmelske vægters bevarelse.* For hvad denne fjendes magt angår, da tror jeg, at han på en time kunne udrydde alle mennesker, som lever på jorden.

Hvis han altså kan dette og forsøger at gøre det, hvorfor sker det da ikke? Naturligvis, fordi vor vægter våger. Men dette må tros; derfor tilføjer han det lille ord: "Se", for at det skal blive klart, at det er profeten om at gøre, at han kan indprente denne varetægt nøje i vore hjerter.

Men her må der mindes om, at denne varetægt over vort liv, over øvrigheden, freden, byerne, tilskrives Gud, medens han dog *udfører den med midler, nemlig først og fremmest englene, dernæst fyrster, forældre, familie osv.* Men dette sker af den grund, at vi skal være forvissede om, at disse midler ville være magtesløse til bevarelse og omsorg, hvis ikke Gud påtog sig *den øverste omsorg* for disse ting.

Han bruger derfor englenes og fyrsternes tjeneste ligesom brød og vin. For på samme måde som brød og vin ikke bevarer livet ved den dem iboende kraft – ellers ville ingen dø, medens de dog på grund af Guds anordning og vor naturs vilkår er fornødne til livets bevarelse – så ville også engles, fyrsters og andre redskabers beskyttelse i og for sig være intet, hvis ikke Israels vogter vågede og bevarede. Fordi nu ordet åbenbarer, og ånden tror, men kødet ikke ser denne varetægt, derfor udlægger kødet disse ord ifølge grundsætningen om deres modsatte betydning således: Israels vogter – nej, svigter; han slumrer ikke – nej, han sover ikke alene den dybeste søvn, men mangler aldeles al sans og er intet.

For fornuften dømmer kun efter ondernes punkter og begyndelser, ikke efter ordet og Guds forjættelser. Men fordi profeterne véd, hvor vanskeligt det er at tro således, derfor opmuntrer de så rigelig mod vantro og kødets dom. I vore dage ser vi, at disse ting næsten ganske foragtes; for *man mener, at troen blot er en kundskab eller viden om historien. Men det er ret egentlig tro, som holder ud i de yderste ulykker og beholder livets ord* og således overvinder al Djævelens magt, alle rædsler og alle farer, gennem hvilke den trænger frem med ære og tillid til det udødelige liv.

v5 **Herren bevarer dig, Herren er din skygge ved din højre side.**
Skønt vi forsvares ved englenes tjeneste, så er dog Herren selv, siger han, den, der bevarer dig og er en skygge ved din højre hånd, dvs. over dine ting, som du udfører.

For således udlægger jeg det enfoldigt og bifalder ikke den mening, at Herren er ved din højre efter ånden, men Djævelen ved din venstre efter kødet. For han betegner simpelt hen dette: Herren styrer dine anliggender. Hvis du lærer menighederne, hvis du gør din kaldsgerning for at berede næring for dig og din familie, møder du mange besværligheder. Modstanderne trænger dig; naboerne misunder dig osv.

Her løfter du hovedet og tror, at alle de ting, du gør eller lider, styrer Herren og beskytter dig. Men her skal du atter erindre, hvad jeg ovenfor har sagt, at det var forgæves at forkynde og foredrage disse ting, hvis vi ikke blev ladt hjælpeløse. Derfor bekender han netop deri, at han underviser om bevarelse og forjætter om styrelse, at vi føler forladthed og tilsidesættelse, som om vi ikke var genstand for Guds forsorg. Det hører derfor til vor trøst, at Gud på denne måde viser, at han kender vore genvordigheder og vore trængsler og befaler, at vi skal tro, at han er vor skygge, som dækker os. Men hvor meget større er ikke Gud end alle vore farer, selv om de er nok så yderlige! Derfor lad os alle have glæde og tillid i ham, som lover, at han vil have omsorg for os i alle ting, som vi udfører.

v6 Om dagen stikker solen dig ikke, månen ikke om natten.

Man bør ikke her søge efter underlige meninger. Månens lys er meget skadeligt; for det indvirker på legemerne ikke alene ved kulde, men også ved fugtighed; om solen er det bekendt, hvor den svækker legemerne. Derfor betegner han ved solens og månens lys alle fristelser og farer under et, og han vil være med os deri og hjælpe og befri os, skønt vi på et punkt synes at bære denne hede alene. Var vi virkelig alene, da ville fristelsen vare evig, medens vi dog ingenlunde har så stor styrke, at vi kan holde ud bestandig. *Nu tillader Gud, at Satan spyr begyndelsen af sit raseri ud over os; men han tillader ikke, at han kan skade så meget, som han ønsker at skade.* Fordi vi altså har denne skygge, bør vi tålmodig udholde begyndelsen på smerterne, forvisset om, at selv om vi dør, så er dog vort liv uden fare skjult i Kristus og vil overvinde Satans anslag.

v7 Herren bevare dig mod alt ondt, han bevare dit liv.

Hvad de foregående vers har sagt i en lignelse, det siges nu simpelt og uden billede. Sjælen betyder livet. Selv om du altså bliver dræbt for ordets skyld, skal du dog ikke dø, fordi Herren bevarer din sjæl. Efter kødets skikkelse og sans dør du, men ikke efter sandheden, fordi dit liv, nemlig Gud, lever osv.

v8 Herren bevare din udgang og din indgang fra nu af og til evig tid.

Det er, hvor som helst du færdes, hjemme, på marken, eller du er på rejser, vil jeg altid være med dig og bevare dig. At gå ud betyder at gå til arbejde, at vende tilbage betyder at gå fra arbejde til hvile. Meningen er derfor: Hvad som helst du gør, vil Herren altid være med dig, på intet sted, til ingen tid, i ingen sag, ved ingen gerning, ved ingen person, ved intet arbejde vil jeg lade dig gå til grunde, men vil altid være til stede som din vogter, jeg, som er himmelens og jordens Gud. *På*

denne måde lærer profeten os i denne Salme troen ikke som en død fø-
lelse eller egenskab, hvad sofisterne gør, men som den største gerning og
virksomhed af Helligånden, hvorved vi fælder vor dom efter ordet,
tværtimod hvad vi fornemmer, ser eller erfarer, og hvorved vi fremdeles
overvinder alle slags farer. Om denne tro disputerer og dømmer papi-
sterne ikke rettere end den blinde om farverne.

Martin Luthers forelæsning over Salme 130

Tekst: WA 40 III, 335-77

v1 Valfartssang.

Fra det dybe råber jeg til dig, Herre.
v2 Herre, hør mit råb,
lad dine ører lytte
til min tryglen!
v3 Hvis du, Herre, vogtede på skyld,
hvem kunne da bestå, Herre?
v4 Men hos dig er der tilgivelse,
for at man skal frygte dig.
v5 Jeg håber på Herren,
min sjæl håber;
jeg venter på hans ord,
v6 min sjæl venter på Herren
mere end vægterne på morgen,
end vægterne på morgen.
v7 Israel, vent på Herren,
for hos Herren er der troskab,
hos ham er der altid udfrielse.
v8 Han udfrier Israel
fra al dets skyld.

———

Indledning

Denne Salme regner jeg også blandt dem, som særlig udmærker sig, *for den behandler den vigtigste artikel, som angår vor frelse, nemlig retfærdiggørelsen, hvis rette erkendelse alene bevarer kirken.* Det er nemlig erkendelsen af sandheden og livet. *Hvis den rette erkendelse af retfærdiggørelsen derimod tabes, så tabes tillige Kristus og livet og kirken.* Og der er ikke længere nogen bedømmelse af lærdommen eller ånderne, men alt er mørke og blindhed. For derfor, så vidt det står til mig, at bevare dette lys for efterkommerne, vil jeg tage fat på udlægningen også af denne Salme.

Først må I nu mindes om, hvad I ofte ellers har hørt af mig, at profeterne, når de taler om Gud eller nævner Gud, taler om den Gud, hvis forjættelser de havde og hvem de dyrkede, så I ikke skal tro, at vi kan komme til Gud ved vore egne tanker, som vi gør os om Gud uden for hans ord, ligesom muslimerne, jøderne og papisterne gør sig forestillinger om Gud enten aldeles uden for ordet eller så at de forvender ordet fra dets rigtige betydning til den fantasiens anskuelse, som de selv har gjort sig derom.

For profeterne vidste, at *den sande Gud,* uagtet at han *af naturen er uendelig,* var *indesluttet i det forsoningsmiddel, hvortil han ved ordet havde forbundet sig.* Skønt de derfor kaldte Gud himmelens og alle tings skaber, havde de dog dette som et nærmere og derfor sikrere tegn på den sande Gud, at de vidste, at han boede i Zion. Når de altså bad til Gud eller prædikede om Gud, gjorde de det i overensstemmelse med den måde, hvorpå Gud selv havde åbenbaret sig for dem i sit ord og sine forjættelser.

Skønt det derfor her ikke er nogen tale om tabernaklet eller forjættelserne, men profeten synes at tale til Gud i almindelighed, så må man dog holde fast ved som den rette betydning, at han taler til Gud, således som han er i ordet og den sande gudsdyrkelse. Ligesom vi nu ikke bør tale eller tænke anderledes om Gud, end som han er i vor rette forsoner, Kristus. For sådan siger Kristus til Filip: Den, som ser mig, ser Faderen. Fremdeles: Ingen kommer til Faderen uden ved mig. Når denne erkendelse fastholdes, da kan Gud, himmelens og jordens skaber, uden fare tilbedes og gribes visselig. For skønt han ifølge sin natur og uden for denne åbenbarelse er ubegribelig og uendelig, er han dog *endelig og begribelig i sit ord og sine forjættelser*, i hvilke han har indesluttet sig. Derfor tilbad jøderne, når de tilbad ved arken, himlens og jordens sande Gud. For Gud havde i sit ord tilkendegivet, at han ville være til stede dér og høre sit folks bønner. Således tilbeder vi den sande Gud, når vi ser hen til og tilbeder Kristus. For Gud har åbenbaret sig i Kristus. Derfor siger også Kristus: Hvad som helst I beder Faderen om i mit navn, vil han give jer. De, som altså beder til Gud og ikke fæster øje og sind på Kristus, de farer vild og når ikke frem til Gud, men *tilbeder sit hjertes tanker i stedet for den sande Gud og er afgudsdyrkere*. For Gud vil ikke søges, findes eller høres uden gennem vor forsoner, Kristus.

Hvis vi derfor i sandhed vil finde Gud, lære ham ret at kende og sikkert komme til ham, så lad os betragte Kristus i overensstemmelse med det ord: Den, som ser mig, ser Faderen. Fremdeles: Hvis I kender mig, kender I også Faderen. På den måde samler ordet vore hjerters omvandrende tanker om denne ene person, som er Kristus, Gud og menneske, så at vi føler, at der uden for Kristus ikke er eller kan findes nogen Gud. Tror du ikke, siger han, at Faderen er i mig og jeg i Faderen?

På denne måde siger vi, at de hellige jøder også bad til Gud, som boede i Zion. De, som forsømte det sted, bedrev afguderi, skønt de brugte de samme hellige ting, de samme ord under sin bøn, ikke af nogen anden grund, end at de handlede imod dette bud, som Gud havde givet, at han ville tilbedes i Jerusalem. Dette er altså en almindelig regel, som må iagttages i alle Salmer og i hele Skriften, at der i Det Gamle Testamente ingen Gud var uden i Zion eller på tabernaklets sted, og at alle bønner skete til den Gud, som sidder og bor mellem keruberne. Men da dette tempel var ødelagt, grundede Gud et andet tempel, som er Kristus, i hvilket han vil søges, tilbedes, dyrkes. *Uden for dette tempel er Gud ikke, men det er Djævelen, som søges og findes.*

Og sjælene falder enten i fortvivlelse, hvis der falder i samvittigheds-frygt, eller til et falskt håb på grund af sit hovmod, således som afguds-dyrkere, jøder og vore papister indbilder sig meget om sin retfærdig-hed og yndest hos Gud.

Herhen sigter følgende og lignende Salmers og profeters udsagn: Jeg opløfter, siger David, mine øjne til bjergene. Ligeså: Gud velsigne dig fra Zion. På samme måde må man forstå de øvrige udsagn, i hvilke der ikke tilføjes en ligefrem betegnelse af sted eller af templet, således som her: Fra det dybe råber jeg til dig, Herre. Han kalder ham "Her-ren" og ikke ligefrem himlens og jordens skaber, ligesom muslimerne gør, men ham, som bor i Zion, hvis forjættelser og ord de havde, fordi han dér ville modtage løfter og høre bønner. Han vandrer altså i den reneste tillid til Guds barmhjertighed også, mens Moselov endnu stod ved magt, men den Gud, som bor i Zion, og som har sagt til Satan: jeg vil sætte fjendskab imellem dig og kvindens afkom. For Gud vil ikke søges ved vore tanker. Hvis vi kunne det, hvad brug havde vi da for ordet? Hvorfor var der da på lovens tid åbenbaret og betegnet et be-stemt sted, i Det Nye Testamente en bestemt person, nemlig Kristus? Se, hvordan det går vore modstandere, papisterne. De beder meget, fremsiger Salmerne, siger: Fader vor, du som er i himlene osv. Men fordi de foragter Kristi ord, ja endog forfølger det med vold, derfor skjuler der sig idel afgudsdyrkelse bag disse smukke ord, som de frem-siger af Salmerne. *Ligeså er det også med jøderne og muslimerne, når de siger, at de tilbeder den levende Gud, himlens og jordens skaber.*

Derfor indprenter jeg hyppig og med flid dette, at I uden for Kristus skal tillukke øjne og øren og sige, at I ikke véd om nogen Gud uden ham, som blev født af Maria og diede hendes bryster. *Hvor din Gud, Kristus Jesus er, dér er hele Gud eller hele guddommen. Dér findes også Faderen og Helligånden.* Uden for denne Kristus er eller findes Gud intet steds. Jeg kender mange munke, som, idet de troede, at Gud kunne fattes ved menneskelige spekulationer, er faldet i de største fa-rer. Og hvis ikke Gud ved en særlig velgerning havde befriet mig fra den samme fristelse, var jeg styrtet hovedkuls i fordærvelsen. Men det er nyttigt til liv at blive forsigtig ved andres farer.

66

Skønt nu profeten, som jeg har sagt, ikke ligefrem omtaler templet, skal I dog se, hvordan han medindbefatter forjættelsen om Kristus, *for dette er denne Salmes indhold, at der ingen frelse, ingen nåde og retfærdiggørelse er uden i Gud, som eftergiver og forlader synderne.* Men er denne Gud nogen anden end den, som har sagt: Kvindens afkom skal sønderknuse dit hoved? Altså mener han den Gud, der forjætter, og peger således på Kristus, sendt af Faderen til at være et *sonoffer for verdens synder.* Han behandler *hovedsagen i læren, nemlig om den kristne retfærdighed.* Fremdeles om den kristne visdom eller om Kristi ære. Dette behandler David, medens loven og den af loven befalede gudsdyrkelse endnu stod ved magt og var i virksomhed, og *springer over lovens gærde ind i Paradiset* eller rettere i selve *nådens og barmhjertighedens Himmel.* For hvorfor skulle vi ikke kalde nåden for Himmel, når vi ved hjælp af den kommer i Himlen, og den ikke kan gribes ved nogen som helst love, gerninger eller bestræbelser? *Som den videste himmel omfatter den os, der tror, at vi ved tilregnelse er retfærdige for Gud gennem Kristus.* På denne måde behandler David læren om retfærdiggørelsen, og skønt ikke han alene gør det (for alle store profeter, Moses, Elias og de andre har behandlet denne lære), så gør han det dog med særlig flid og grundighed.

Af dette fremgår Salmens indhold klart, nemlig at David af sit eksempel vil belære os om *den sande vej til retfærdiggørelse, liv og salighed.* Fremdeles, at han vil vise den sande udgang fra døden, synden og Guds vrede, så vi kan gå over fra dette liv til det evige liv. Han lærer dette, ikke ligesom sofisterne på universiteterne, som uden al erfaring lærer om det hellige. Men han anfører sin egen erfaring og lægger sit hjerte frem for os, som Helligånden har øvet og undervist ved forskellige fristelser, for at han skulle nå frem til denne lære, som han her har besluttet sig til også at undervise os i. Hans læres sum er, at han har fundet hvile i håbet om Guds barmhjertighed og tilliden til syndernes forladelse. Men dette vil blive klarere under udlægningen. Lad os derfor endelig tage fat på Salmen.

v1 Fra det dybe råber jeg til dig, Herre.

Begyndelsen synes at være overflødigt snak. Men den, der ser nøje til, hvilken sag det er, der trykker profeten, vil snart se, at hans følelser ikke tilstrækkelig kan udtrykkes eller hans fare udsiges ved nogen som helst ordfylde. For det er ingen almindelig eller dagligdags fristelse, han trykkes af. Der spørges ikke om farer, som truer fra Saul, Absalon, falske profeter og andre. Han taler ikke om andre fristelser, som kommer af den misundelse og det had, hvormed verden forfølger de fromme. Men han taler om den samvittighedens sygdom og *de sande dødens rædsler*, når sjælene, ligesom grebet af fortvivlelse, føler, at de forlades af Gud. Når de anklagede for Guds domstol, ser sin uværdighed og sin skyld. Når det synes, som om Gud ikke alene har forladt dem, men at han også har forkastet dem og hader dem for deres synders skyld. Disse fristelser er langt værre at udholde end de andre, som ofte kommer. For her gælder det sjælens fare og fare for at tabe den evige salighed. Derfor bruger han også denne måde at udtrykke sig på: Fra det dybe råber jeg til dig. Det vil sige: Jeg er i den yderste nød; for jeg føler mine synder og Guds retfærdige vrede, og denne véd jeg ikke længere noget middel til at stille. Mod had og andet onde, hvoraf vi trykkes fra menneskers side, kan der findes hjælpemidler, men dette er i sandhed et ulægeligt onde, medmindre der sendes frelse fra det høje.

Og i sandhed: De øvrige ulykker, ved hvilke de fromme øves, kan overvindes ved tålmodighed, som når rigdom, rygte osv., kommer i fare. Ja, også i de ringere synder, som ungdommens, kan sjælen lettere oprejses igen. Men disse knuder føles og er uopløselige, nemlig når disse *Helvedestanker* bemægtiger sig sjælen, så at mennesket intet andet føler end i al evighed at være forstødt af Gud. *De, som føler sådanne anfægtelser, har altså her et eksempel foran sig, idet David har lidt og erfaret noget lignende.* For også dette forøger sådan anfægtelse, at de synes at udholdes af dem alene. De bør altså lære, at også de helligste har lidt det samme og er blevne trætte til døden af lovens og syndens rædsler, ligesom vi her ser David råbe som ud af selve Helvedes dyb: Fra det dybe råber jeg til dig, Herre.

Men vi må ikke blive stående ved det, at vi ikke er alene om at udholde sådanne fristelser og farer, vi må også lære at kende den vej, på hvilken de, som har udholdt det samme, er undsluppet. Du ser nu David, hvad han gør. Du ser, hvor han går hen under sådanne vanskelige omstændigheder. *Han fortvivler ikke, men råber, som om der er levnet ham et sikkert håb om hjælp og trøst. Lær du at tænke og gøre ligeså!* For David fristes ikke, for at han skal fortvivle. Så tag heller ikke du imod fristelsen med det sind, at du ligesom opsluges af sørgmodighed og fortvivlelse. Hvis du er ført ned til Helvede, så tro, at Herren vil føre dig op fra Helvede. Hvis du er tilintetgjort og sønderknust, så vid, at det er Herren, som atter vil trøste og læge dig. Hvis din sjæl er fuld af bedrøvelse, så vent atter trøst af ham, som har forjættet, at offer for ham er en sønderbrudt ånd.

Det er også nyttigt under sådanne anfald, at der er en anden kristen til stede, som kan trøste os med ordet. For Gud har villet, at kirken skal være sådan, at *den ene skal trøste den anden*, og han har lovet, at han vil være den tredje, når to er forsamlede i hans navn. Og i sandhed: intet oprejser en således såret sjæl som at høre af en broder, at en sådan skræk ikke sendes, for at vi skal gå til grunde, men for at vi skal ydmyge os til at erkende nåden og modtage den med taksigelse. Men hvis vi må undvære sådan undsætning af brødre, så må vi gøre, hvad David her gør, nemlig råbe og bede denne Salme, i hvilken du ser de suk, som afmaler sjælens store angst, af hvilken denne ikke ørkesløse ordfylde fremgår, at han ikke alene siger, at han råber fra afgrunden, men at han også minder Gud om hans forjættelser, om at han vil høre dem, som råber. Og det er ikke nok, men han gentager den samme mening med andre ord.

v2 Herre, hør mit råb, lad dine ører lytte til min tryglen!
Han taler, som jeg før har sagt, med den Gud, hvis sæde var i Jerusalem, ligesom vi taler med og kalder den Gud for Fader, som er og dyrkes alene i Kristus. Denne Gud beder han at lægge mærke til hans bøn.

Men hvis vi synes, at vi ikke kan bede med det samme sind og så indtrængende, som vi ser, det gøres i disse ord, så lad os erindre, at heller ikke David har bedt således i fristelsens stund. For *en fortvivlet og bedrøvet sjæl beder ikke, så længe fortvivlelsen og bedrøvelsen vedvarer*, men da føles bespottelse og knurren mod Gud, og sjælen kan ikke have de rette tanker om Gud. Men når anfaldet er over, da først begynder dette råb og denne heftige begæring, som under anfægtelsen var så undertrykt, at den næppe mærkedes. Det er, som jeg før har sagt, til den største hjælp for sjælen, når den hører en broder rettelig anvende Guds ord: Hvorfor er du bedrøvet broder? Hører du ikke, at Gud ikke vil synderens død? Eller har du glemt, at der prædikes håb og tro til Gud? Betragt det første bud, hvad er det eller hvad fordrer det andet, end at vi skal dyrke Gud i tro og håb? Hvorfor stoler du da ikke på hans godhed? Hvorfor fortvivler du? For dette er at føje synd til synd, og når du før er synder mod de mindre Guds bud, så stiller du dig nu på det højeste trin, idet du til de øvrige synder føjer fortvivlelse og vantro osv.

Når tillid til Gud og Guds barmhjertighed på denne måde foreholdes den ængstede sjæl, da begynder troens gnist og hjertets suk: O, om jeg kunne! Disse uudsigelige sukke kommer Ånden til hjælp, og der følger endelig *en følelse af glæde*. For Gud kan ikke foragte eller overse disse suk. Vi ser en afbildning af disse suk i disse første vers. Men hvorfor sukker du? Hvad er det, du sørger over? Hør:

v3 Hvis du, Herre, vogtede på skyld, hvem kunne da bestå, Herre? Dette vers er, som I véd, velkendt i vor teologi, og jeg ser ikke, hvordan enten vore modstandere eller Satan selv kan drive spot med det. For, hvad er der at tvivle om? David har det vidnesbyrd, at han er en mand efter Guds hjerte og i sandhed et udmærket eksempel på alle slags kristne dyder. For skønt han er plettet ved Urias' drab og ægteskabsbruddet med Batseba, viser han dog også en særdeles ydmyghed og brændende tro, da profeten overbeviser ham om hans synd og atter oprejser ham. Se dernæst, hvilket mådehold han viste i ulykken, hvilken omhyggelighed og iver for at indrette og befordre gudstjenesten?

Kort sagt: David har ikke sin lige, hvad enten du betragter hans tro og liv eller Guds vidnesbyrd om ham. Og dog siger en så stor og så hellig mand ligefrem og tydelig: Hvis du, Herre, vogtede på skyld, hvem kunne da bestå, Herre? Er ikke dette simpelthen at nægte al retfærdighed, hellighed og renhed? Ligesom han også i Salme 32, 6 åbent taler om "hellige" og dog siger: ”Derfor beder alle fromme til dig”, nemlig at du skal forlade synderne.

Hvor er da de, som prædiker så meget om gerningernes retfærdighed? Da dog David simpelthen forkaster gerningerne og al retfærdighed over for Gud og kun beder om dette, at Gud ikke må tage vare på misgerninger? Dog taler vore modstandere nu noget mere mådeholdent end i begyndelsen. For de nægter ikke længere ligefrem, at troen retfærdiggør, men de tilføjer dog, at den tro, som retfærdiggør, skal være formet af kærligheden. Men ligesom papegøjerne forstår de ikke, hvad de siger.

Men lad dem forme troen på, hvad måde de vil. Dette er en over alle udtalt dom: Hvis du, Herre, vogtede på skyld, hvem kunne da bestå, Herre? Ingen nemlig. For hvis nogen kunne bestå, da ville visselig også David have bestået, en mand så hellig, så vel hjemme i Guds ord, ved så mange ulykker og farer vel øvet i tro og gudsfrygt. For jeg tror ikke, at der er nogen så uforskammet blandt alle papisterne, at han ikke agter sig selv for at stå langt under David, hvad gerningernes retfærdighed angår, og dog siger David: Retfærdigheden er ikke af gerningerne; for hvis du, Herre, vogtede på skyld, kunne ingen bestå?

Lad os derfor lære, at vi ikke kommer frem for Guds dom med tillid til egne gerninger eller vor egen retfærdighed, om vi end havde gjort alt, som vi kunne gøre. Man fortæller om Arsenius, at da han engang havde ligget syg i tre dage, blev meget nedslået i sin ånd. Da disciplene så det, gik de hen til mesteren og trøstede ham med, at han ingen grund havde til at være forfærdet i sin sjæl; for han havde levet efter Guds vilje. Da sagde Arsenius: I sandhed, frygter jeg; for skønt jeg hører af jer, at jeg har holdt Guds bud, så er dog visselig menneskers dom én slags, Guds en anden.

Du ser, at manden, der han blev ængstelig for Guds dom, ikke ville stole på sin retfærdighed og sine gerninger. Således fortælles der om en anden eneboer, at da han blev hentet for at trøste en, som allerede var ved at dø, bød han ham at bære døden tålmodig; for således ville han opnå evigt liv. Således plejede også vore munke at trøste mennesker, der var dømt til døden. Her var der ringe eller ingen tale om Kristi fortjeneste, men kun om den død, som de dømte skulle lide, så de på grund af den skulle indgå til evigt liv. Men hvad hændte hin trøster? Da den, som han på denne måde havde trøstet, var død, faldt han i den dybeste anfægtelse, idet han tænkte på, hvor lidt sikker trøst han havde givet sin broder, idet han bad ham stole på sin tålmodighed og ikke hellere på Kristi død og fortjeneste. Manden blev inden tre dage så medtaget af denne bekymring, at han også døde selv.

Det daglige liv fremviser utallige eksempler af den slags, som beviser, at vor retfærdighed og villige død ikke er tilstrækkelig, men at der kræves tro på Jesus Kristus. På hans død tør vi trygt stole, fordi den er et offer for verdens synder. Vor død, om vi end udholdt den tålmodig, og al vor lydighed i øvrigt, agtes for synd, hvis vi foragter Kristi fortjeneste og tror, at vi på grund af sådanne ting kan fries fra Guds dom.

Derfor må ingen from gå i døden eller træde frem for Guds dom i tillid til sin fortjeneste eller retfærdighed! Jeg tror i sandhed ikke, at der er nogen af modstanderne, som vover at komme for Guds dom i tillid til sin retfærdighed. Og dog lærer de, befaler og opmuntrer andre til at gøre det. Men vi, som lærer det modsatte og leder kirken til at stole på Kristi død og fortjeneste, fordømmer de som kættere. Er ikke dette den yderste ondskab? Selv gør de ikke det, som de lærer, nemlig at dø i tillid til sin fortjeneste, men de vil tvinge andre til dette eller dømmer dem som kættere. Således lærer alle ret oplyste menneskers erfaring, at ingen består for Guds åsyn ved sine gerninger eller sin retfærdighed, og dog ser hele naturen, uden for anfægtelsens time, sig om efter gerninger og søger, hvordan den ved dem kan behage Gud. Men her fremsættes der en simpel og klar lære: Hvis du vogter på skyld, kan ingen bestå? Hvem ønsker da at komme således for dommen, at han dømmes og fordømmes?

Derfor er dette summen, at vi alle (David, Peter, Paulus osv.) fødes, lever, er og dør som syndere. Men dette er vor ære og vor frelse, at vi oplyst ved evangeliet om Guds barmhjertighed og Kristi fortjeneste, springer ud over loven og vore gerninger og så at sige ind i en anden del af læren og ind i et andet lys. Vi går med tillid hen til Gud og siger: o Herre, vi kan ikke trætte med dig i dommen, vi kan ikke disputere med dig om vor retfærdighed og synd. Hvis du vil tage vare på misgerninger, hvis du vil ransage som i en retssag, om vi er retfærdige, er vi fortabt. *Vi appellerer derfor fra denne domstol til barmhjertighedens trone.* Hvis vi har gjort, noget helligt, har vi gjort det ved din gave. Se derfor på os med barmhjertighedens øjne, ikke med din retfærdige doms øjne. For hvis du ikke bærer over med vore misgerninger og lukker dine øjne for dem, vil vi ikke blive frelst.

Dette lærens lys ser vi, at David har fulgt under lovens mørke. Vort vilkår nu for tiden er bedre, fordi vi ser, at dette klart fremsættes i Det Nye Testamente. For hvad lærer vi i dag andet, end at vi frelses alene ved troen på Kristus? At vore synder overdækkes og borttages alene ved Kristi fortjeneste? Ifølge det ord: Salige er de, hvis misgerninger er forladt. *Syndernes forladelse er altså den himmel, under hvilken vi bor i tillid til Kristi fortjeneste.* For den, som tror, dømmes ikke, men går over fra dommen til det evige liv. David tilføjer ikke en ligefrem omtale af Kristus, og dog, da han håber på forsoning, ser han retteligt hen til den forsoning, som er klarere åbenbaret i Det Nye Testamente. For ser du ikke, at han tilkendegiver, at han må fortvivle, hvis Gud vil se hen til synden. For hvad er det, som vi kan stole på eller være trygge ved uden for syndernes forladelse eller erkendelsen af nåden?

De, som altså ikke stoler på dette alene, at ved Kristi død er synderne borttaget og Guds øjne ligesom lukkede, så at han ikke kan se vore synder, de er uden tvivl fortabte. For dette ene fremsættes for os i Den Hellige Skrift, at vi kun lever under syndernes forladelse, under Guds overbærenhed, tålmodighed og langmodighed, så at vi intet andet véd af end Kristi retfærdighed. Det betyder jo ikke, man ikke bør gøre gode gerninger, at der ikke er synd til stede eller, at Gud ikke hader synden. Men Gud siger og lærer, at han ikke vil se på vore overtrædelser, fordi vi tror på Kristus og stoler på Kristus. De, som stiller dette *skjold* op foran sig og gemmer sig bag det, de anses for børn, fordi de har en forsoner. De, som ikke har, drives til fortvivlelse. For hvad opnår de ved at løbe til de steder, hvor apostlene virkede? Hvad opnår de ved at iføre sig en kappe og ved at tilføje legemet smerter? Da dog David simpelthen siger: Hvis du tager vare på misgerninger, hvem kan da bestå, Herre? Derfor er alt beroende på ham, således som følger:

v4 Men hos dig er der tilgivelse, for at man skal frygte dig.

Dette vers er meget dårligt oversat [i Vulgata]. Oversætteren synes at have ment, at vi er retfærdige, hvis vi støtter Gud eller holder loven, da der dog ikke er nogen trøst, ikke noget håb om frelse uden i det, at Gud på grund af Kristus har lovet syndernes forladelse, idet alle andre love og al anden retfærdighed fuldstændig bliver forkastet. For dette bekræfter også første del af dette vers, når det hedder: hos dig er der tilgivelse. Altså vil man ikke finde forladelsen hos Moses, ikke i loven og lovens gerninger, ikke i klosterlivet, ikke i et hårdt og anstrengende liv, ikke i almisser, ikke hos den hellige Jakob eller i Rom i den hellige Peterskirke. Kort sagt, man vil ikke finde forladelsen noget andet sted. For den er ikke noget sted uden HOS DIG. *For forladelsen er ikke vor fortjeneste eller vor retfærdighed, men en uforskyldt syndernes forladelse, tilgivelse og eftergivelse på grund af Kristus.* Den vil du, om du end plager dig tusind år i klosteret, dog aldrig finde i klosterlivet og dine andre gode gerninger, som samvittigheden noksom beviser, der føler fortvivlelse endog under det helligste og hårdeste liv. For i dette alene finder samvittigheden ro, at den fuldkommen uden nogen tilføjelse af egen værdighed, *så at sige helt nøgen overgiver sig til Guds nøgne barmhjertighed* på grund af Kristus og siger: O Herre, jeg har din forjættelse, at retfærdighed alene er ved barmhjertighed. Denne retfærdighed er intet andet end din tilgivelse, at du ikke vil se på vore misgerninger.

Jeg lægger jer altså denne Davids bestemmelse af *den kristne ret-færdighed* på hjerte, at det at vogte på misgerning er at fordømme, der-imod ikke at vogte på misgerning er at retfærdiggøre eller at *erklære* retfærdig. *Retfærdighed er, når der ikke tages hensyn til synderne, men at de tilgives, eftergives og ikke tilregnes.* Ligesom han på et andet sted beskriver, hvem der er salig, som Paulus meget passende citerer: "Lyk-keligt det menneske, som Herren ikke tilregner synd." (Sl 32, 2; Rom 4, 8). *Han siger ikke: Lykkeligt det menneske, som ikke har synd - men hvem Gud ikke tilregner den synd, han har.* Ligesom han også her siger: Du vogter ikke på skyld. Disse vidnesbyrd må omhyggelig samles, så vi kan se, hvordan denne lære er grundet i Den Hellige Skrift, og hvor-dan al tillid til gerningernes og lovens retfærdighed er udelukket for Guds domstol.

For denne lære gør uden forskel alle mennesker lige. Når vi nemlig alene bliver *retfærdige ved tilregnelse,* så følger deraf ikke alene, at vi alle er syndere, men at der over for Gud ingen forskel er mellem en gift og en munk, imellem en eneboer og en borger, imellem en fyrste og en bonde. For denne forskel i vilkår gør på ingen måde mennesket fri i Guds dom, men dette gør dem fri, at synderne tilgives. Hvis denne lære var blevet rettelig overleveret i kirken, havde munkelivet ikke ind-sneget sig og andre slags levemåder, som tåbelige mennesker har troet havde større betydning hos Gud. For hvad slags liv det end er, i dette er alles vilkår lige, at vi har brug for syndernes forladelse. Ligesom Pau-lus siger i Apostlenes Gerninger, at Gud har båret over med fædrenes levevis i ørkenen i 40 år. Ligesom en god ægtemand bærer sin hustrus sædvaner, en lærer disciplenes, en fyrste sine tjeneres. Men hvis dette borgerlige liv behøver den rimelighed, at mennesker ikke handler mod hinanden efter den strengeste ret, hvor meget mere er det ikke nød-vendigt, at Gud er overbærende i denne vor svaghed og fordærvede tilstand. Der er daglig ting, som han kunne tage fat på og straffe, men det vil han ikke. Han vil, at vi skal tro på Kristus, så vil han selv være overbærende, vil lukke øjnene til for vor svaghed og tilgive og på grund af troen på Kristus anse os for retfærdige.

På denne måde vender David sig fra fortvivlelse til tillid og et sikkert håb om barmhjertighed. For når vi ser hen til vore synder, bliver vi nødvendigvis forfærdede og falder i fortvivlelse. Men vi må ikke fæste øjnene på synden alene, vi må se hen til tilgivelsen. Som vi ikke kan nægte, at vi er syndere, skal vi heller ikke nægter syndernes forladelse. Og hvorfor er syndernes forladelse lovet, hvis den ikke skulle blive synderne til del? Ja, ved at David nævner tilgivelsen, netop derved bevidner han, at han er en synder, og at tilgivelsen med rette vedrører ham. Men, vil du sige, synden gør uværdig til at få forladelse af Gud. Lad derfor David, Paulus, Peter håbe, da de er værdige og hellige, men jeg er en synder, jeg kan ikke håbe. Sådanne tanker skal du tage afstand fra som din sjæls visse død og heller tænke således: Fordi jeg er en synder, derfor angår syndernes forladelse mig. Jeg vil derfor ikke fortvivle. Jeg vil ikke opsluges af bedrøvelse, men jeg vil vende mig til Gud, som lover forsoning, som befaler at håbe og tro.

Således fremsætter David i disse to vers *summen af hele den kristne lære* og den sol, som oplyser kirken. *Hvis denne lære består, så består kirken, men falder den, så falder kirken med [håndskrift: quia isto articulo stante stat Ecclesia, ruente ruit Ecclesia. Hvis denne artikel står, står kirken. Falden den, falder kirken – (med andre ord: Den artikel, hvormed kirken står eller falder, fba)].* Og jeg indskærper den så ofte, fordi jeg véd, at Satan intet hellere vil end at borttage denne erkendelse fra øje og sind. Herhen sigter særlig al forvirring, som han opvækker såvel offentlig som privat. Vi ser, hvilken skade han har tilføjet kirken gennem nadverforagterne og gendøberne, idet mennesker ikke alene *næsten har glemt denne artikel, fordi deres opmærksomhed har været henvendt på nye stridigheder,* men mange, som er blevet skræmt af uenighederne, er begyndt at hade denne lære. *Det er derfor en god hyrdes sag ikke at tillade, at han ved nogen former for strid lader sig føre bort fra at behandle denne lære.* Men hvad den enkelte angår: Hvor ofte hænder det ikke, at på grund af tankerne på loven og synden denne ihukommelse af syndernes forladelse enten tabes eller står i fare for at blive ødelagt?

Derfor fremsætter David, som vi skal høre, i denne Salme ikke alene egen erfaring, men også opmuntringer og forjættelser, for at vi skal se, at det har været ham meget om at gøre at bevare denne lære. Og i sandhed farens størrelse bør opvække og forøge en sådan omhyggelighed. For hvis dette stykke tabes, bliver sjælene overvældet af alle slags fristelser. Da denne artikel således under pavedømmet var tabt, hvilken urimelighed var da så stor, at den ikke blev modtaget såvel af hjerterne som af ørerne? Jeg undser mig ved at sige det: Det manglede bare, at munkene i sin grove uforskammethed skulle fordre tilbedelse af den vind, de lod gå af sin bug.

Når erkendelsen af denne artikel derimod bibeholdes, kan alle kætterier let undgås. Et fortræffeligt eksempel herpå er pavedømmet, som blev overvundet og revet ud af menneskers hjerter ved denne ene artikel. For om du angriber papisternes liv og laster deres forbryderiske vellyst, gerrighed, ondskab og beviser deres ugudelighed af deres onde lovgerninger, vil du intet udrette. For også paven indrømmer alt det, ligesom han ikke kan nægte sine tilhængeres åbenlyse forbrydelser. Men, siger han, ikke desto mindre er vort kald, vor lærdom og vort rige helligt, skønt livet er besmittet af synd. Således kan heller ikke Djævelen overvindes i det stykke, som angår loven og gerningerne. For således behandler han såvel loven som gerningerne, at han bryder igennem som gennem et spindelvæv og beholder sin magt. Men da overvindes han, når læren om troen og dette sted fremholdes, nemlig at papisterne ikke alene har mistet, men også med ugudelige lærdomme har ødelagt og skænder og begravet Kristus og retfærdiggørelsens grund. Når man tager fat på dette hovedstykke, nødes såvel paven som Satan til at vende ryggen til. For de har intet, hvormed de kan forsvare sig, hvis lærdommen bevises at være falsk.

Læg derfor vind på, at I ret forstår og grundig tilegner jer dette hovedpunkt. Ingen af jer skal være så overmodig at mene, han fuldstændig har udtømt denne guddommelige visdom. For så længe Satan og denne verden sammen med vor fornuft er til, vil vi aldrig blive fuldkomne i denne erkendelse. *Fordi vi står som soldater i krig*, møder der os hver dag farer, og det er ikke menneskelig dygtigheds eller visdoms sag at bestå i dem alle. Summen af dette vers er altså, at Gud ikke vil handle med os efter loven, så at vi igen på vor side ikke skal forhandle med Gud efter loven, men sige med tolderen: Gud være mig synder nådig! De, som går uden for dette nådens gærde og forlader nådens herlighed og vil disputere om loven, at de har gjort dette, ikke gjort hint, de synker dybere ned i Helvede, jo længere de går frem.

Jeg minder ikke forgæves om dette. Jeg ser, hvad der hændte den gode mand Bernhard. Hvis du randsager ham nøje, vil du finde, at han lærer dobbelt. For når han er hos sig selv i troen, da lærer han overmåde skønt om Kristus, prædiker hans velgerninger, opflammer hjerterne til at omfatte Kristus. Da ånder han idel roser og honning. På den anden side, når han disputerer ud fra loven og om loven, da disputerer han ikke anderledes end en muslim eller en jøde, som enten ikke kender eller nægter Kristus. Enhver, som vil, kan læse hans afhandlinger om munkelivet, om lydighed mod abbederne og han vil se, at jeg har ret. Det samme har ofte hændt de andre lærde: Når de er hos sig selv uden for disputationer, lærer de Kristus ret; men når de går frem på lovens mark, disputerer de, som om der ikke var nogen Kristus, der havde lært, ja, som havde erhvervet syndernes forladelse ved sit blod. Det samme erfarer vi, når vi kommer ind på lovspørgsmål og traditioner. Vi bør derfor blive bestandige i dette *nådens Paradis eller Himmel* og ikke gå andetsteds hen, så at vi kan vedblive i denne ligefremme bekendelse med David! Hos dig er der tilgivelse.

Men hvorfor tilføjer han: For at man skal frygte dig? For sådan skal den anden del af dette vers gengives. Det gør han, for at han kan vise os, mod hvem han kæmper, og for at han bedre kan belyse sin mening ved at tilføje modsætningen. Som om han vil sige: Af erfaring har jeg lært, hvorfor forladelsen er hos dig, og hvorfor du forbeholder dig den titel, at du er barmhjertig og nådig. Fordi du samler alt under din nådige tilgivelse, og ikke overlader noget til menneskelig fortjeneste og gerninger, derfor frygtes du. For hvis ikke alt beroede på din barmhjertighed, og vi ved vore egne kræfter kunne borttage synderne, ville ingen frygte dig, men hele verden ville hovmodigt foragte dig.

For dette lærer den daglige erfaring, at hvor der ikke er denne erkendelse af Guds barmhjertighed, vandrer mennesker i formastelig tillid til sin fortjeneste. Se på en munk, især en franciskanermunk, som jeg for denne hovmodigheds skyld altid afskyr mest. Fordi han har en regel og lov, hvorefter han lever, er han uden al sand gudsfrygt og vandrer i den største tryghed. Overmåde få er de, som kommer til syndens erkendelse og føler fortvivlelse. For de, som føler fortvivlelse, bekender med glæde, at der hos Gud er tilgivelse. Men disse forfølger endog med ild og sværd læren om nåden. For loven skaber formastelige, stolte mennesker og nådens foragtere, således som Paulus udmærket viser det på jøderne i Rom 2, 17: ”Du, som kalder dig jøde og sætter din lid til loven.”

De, som er sådanne, bevæges ikke ved apostlenes autoritet, ikke ved Kristi mirakler, som oprejser fra de døde, men er ubevægelige som klipper. For ikke alene forstår de ikke tilgivelsen i deres tryghed, men de forfølger den også. De synder altså dobbelt frem for tolderne og med rette siger Kristus: *Skøger og toldere går før jer ind i himmeriget. For disse overbevises let om, at de er syndere, og at de har behov for den frie barmhjertighed.* Annas, Kajfas og de andre farisæere griner derimod, når de hører dette, og kan ikke tåle at undervises af nogen.

Men Gud har, hvad begge parter angår, retteligt bestemt, at retfærdighed ikke skal vurderes efter vore gerninger, men alene efter barmhjertighed og syndernes forladelse. For hvis retfærdigheden var af gerningerne eller ifølge loven, var det nødvendigt, enten at fortvivlelse fulgte, på grund af at loven ikke var ret holdt, eller hovmodighed, hvis den var holdt.

Under fortvivlelsen er frygten større, end den bør være, hvor der er hovmod, er der aldeles ingen frygt. Den rette middelvej er det, at Gud indeslutter alt under barmhjertighed. *Dog borttager han ikke loven, fordi dette liv ikke kan bestå uden loven.* For hvilket udseende ville samfundet få, hvis drab, horeri, tyveri forblev ustraffet. *Dernæst bør også de frommes øvelser og gerninger styres af Guds ord.* Til denne brug lader Gud *loven* stå og *anvender den af hensyn til lydighed hos dem, som tror.* Men hvad synden selv angår, befaler han, at vi med tilsidesættelse af al tillid til loven alene skal håbe på den barmhjertighed, som Gud viser på grund af Jesu Kristi lidelse for synden. *Sådan borttages hovmodigheden og tilbage bliver frygt, ikke en sådan som de fortvivlede har, men en sådan, som du finder hos ret opdragne børn over for deres far.* Altså bliver ingen munk frelst på grund af sin regel og sit hårde liv, heller ikke jeg skal frelses derfor, at jeg med største troskab og flid prædiker Kristus.

En fyrste frelses ikke, fordi han regerer sine undersåtter godt og forsvarer dem. Og når det gælder munkelivet, vil du let indrømme, at dette er sandt; for hele denne slags levemåde er uden Guds ord. Men at undervise menighederne, styre landet er ganske vist de helligste og største gerninger, men dog er det lovens gerninger, som i sig selv enten føder fortvivlelse eller hovmod. Derfor kommer frelsen, også når disse gerninger udøves, ikke ved andet, end at der hos Gud er tilgivelse, for at han skal frygtes.

Med rette har Gud altså indesluttet alt under synd, så han kunne forbarme sig over alle. For hvis man overlader noget til den menneskelige natur, hvorved den kan fortjene noget hos Gud, vil ingen frygte eller dyrke Gud, men alle vil komme til Gud ligesom munkene bringende faster, bønner, lydighed og lignende. Men på denne måde tabes Gud og i Guds sted dyrkes hjertets afgud. For idet en munk tænker, at hans reb behager Gud (som han hellere burde hænge i fra et træ end at binde om livet), og idet han tænker, at andre overleverede øvelser behager Gud, mon han da ikke viger af fra Gud og sætter sit hjertes tanker i Guds sted, idet han tror, at Gud tænker det samme, som han selv tænker?

Af lovens retfærdighed følger altså en virkelig afgudsdyrkelse, som danner sig en anden Gud og taber den sande. For den sande Gud er tilgivelse ved Kristus. Men gerningshelgenerne vil, at gerningerne skal være forsonende. Gud forkaster altså alle gerninger og fremsætter sin blotte barmhjertighed, for at han nemlig skal frygtes, for at han ikke skal foragtes af de hovmodige, idet al grund til hovmod er borttaget.

Lad os altså af dette vers lære denne store grundsætning, at når læren om syndernes forladelse, nåden eller tilgivelsen er tabt, følger med nødvendighed, at afgudsdyrkelse hersker. For profeten lærer, at når nåden borttages, borttages også frygten for Gud. For hvad er det at frygte Gud andet end at dyrke og ære Gud? Fremdeles at erkende, at han er nådig og derfor adlyde ham? *Denne Gud fandt jeg ikke, da jeg var munk og vandrede i tillid til min egen retfærdighed.* For med ord og erfaring kan jeg bevidne, at der af den mest fuldkomne lovens retfærdighed ikke kan følge noget andet end enten fortvivlelse, som er sjældnere, eller hovmod, som er såre almindelig. For naturen og Djævelen kan ikke andet end at hovmode sig.

Hvad, vil du sige, skal loven da ikke holdes? Skal der ikke gøres gode gerninger? Visselig skal de gøres. For derfor har Gud en kirke i verden. Derfor har han oprettet stater og forvaltning, for at der aldrig skulle mangle lejlighed til at gøre gode gerninger. Men hvem er det, som, hvis han gør alt dette omhyggeligt, dog ikke ser, hvor megen urenhed der endnu bliver tilbage, i særdeleshed, hvis han lægger sine gerninger frem for Guds åsyn? Derfor overlades hele sagens kerne til Guds barmhjertighed alene, som vi griber alene ved troen på Kristus. Og vi, som på grund af gerningerne er unyttige tjenere, bliver ved nåden, som gives os i Kristus, Guds børn, Joh 1, 12.

Således støtter sig al sand gudsfrygt, sand gudstjeneste, sand ærbødighed for Gud, ja al sand erkendelse af Gud alene på barmhjertigheden, at vi stoler på, at Gud på grund af Kristus er os nådig. Med denne gudsdyrkelse står fortvivlelse og hovmod mere i strid, end ild og vand står i strid med hinanden. Men fordi loven enten fører til fortvivlelse eller hovmod, derfor sluttes der med rette, at hverken retfærdighed eller sand gudsdyrkelse kommer ved loven. Og dog skal De Ti Bud holdes. For den, som er forstander, skal være det med iver. Den, som er undersåt, skal adlyde. Her er vilkårene og rollerne indbyrdes forskellige. Fyrstens, den lærdes, præstens, senatorens, borgerens, tjenerens, tjenestepigens, forældrenes, børnenes, osv. Men hver især er Gud lydighed skyldig, så at de med største flid gør, hvad de kan. Men fordi dette er lovens gerninger, er vi ved dem kun tjenere og modtager den lovede løn efter aftale. Men ved tilgivelsen eller nåden bliver vi Guds riges børn og arvinger. *De gerninger altså, som følger efter, skaber ikke arvinger eller børn, men gøres af arvingerne og børnene af taknemmelighed og for at bevidne deres lydighed.*

Derfor indskærper jeg disse følgeslutninger, at hvor der ikke er tilgivelse, er der ingen Gud. Ligeså, hvor der ikke er nogen Gud, er der ingen tilgivelse. Der er ingen gudsfrygt eller gudsdyrkelse, men der forbliver afgudsdyrkelse og gerningernes retfærdighed. Så længe loven og naturen står, kan disse ting ikke forholde sig anderledes. Derfor er *pavedømmet, islam, judaismen, klostervæsenet* og hvad der er ligt det, som ikke forstår eller ikke tror på tilgivelsen, for Gud simpelthen afgudsdyrkelse, selv om det har et ydre skin af fortræffelighed, for uden for tilgivelsen er der ingen gudsfrygt, men hovmod.

Den kristne lære nægter eller fordømmer altså ikke gode gerninger, som modstanderne uforskammet og falskt beskylder os for over for de ukyndige, men den lærer, at Gud ikke vil tage vare på misgerninger, men at han vil, at vi skal tro og stole på barmhjertigheden. For hos ham er der tilgivelse, for at han skal frygtes og vedblive at være vor Gud. De, som altså tror, at Gud er tilgivende og på grund af Kristus forlader synder, de yder Gud en sand og ret dyrkelse. De trætter ikke med Gud om loven, gerninger og retfærdighed, men *med tilsidesættelse af al tillid til sig selv ærer de ham på grund af tilgivelsen og bliver således børn, som modtager Helligånden og i sandhed begynder at holde loven.*
Nu følger erfaringens stadfæstelse af denne lære og opmuntringer.

v5 Jeg håber på Herren, min sjæl håber; jeg venter på hans ord,
Jeg kan ikke lade være skarpt at kritisere oversætteren [Vulgata], hvem han end er, fordi han har oversat så skødesløst. Skønt disse fejl skyldes den, der har oversat denne bog til græsk [Septuaginta]. I det foregående vers har han gengivet ganske den modsatte mening, og han har også sammenblandet verset. For hvad han har oversat: På grund af din lov har jeg underkastet mig dig, Herre, har for det første ingen mening og hører desuden ikke retteligt til dette vers. For således bør versene

sammenstilles: "Hos dig er der tilgivelse, for at man skal frygte dig" (dvs.: for at du må forblive Gud og dyrkes. For de, som ikke erkender Gud, nemlig at der hos ham er tilgivelse, de er ganske uvidende om Gud og kan ikke dyrke ham ret). "Jeg håber på Herren, min sjæl håber; jeg venter på hans ord."

Det er et vers meget rigt på ord, men ikke på nogen måde ørkesløse ord. For det tjener til at forøge og ligesom at indånde bøn og opmuntring. For først har han fremstillet sig som et mønster med hensyn til den lære, som han ønsker, skal bevares i kirken, og han har bedt om bønhørelse. Idet han dernæst har tilegnet sig tilgivelsen, har han følt, at han er bønhørt. Nu føjer han derfor en opmuntring til, ved hvilken han ansporer sig til at blive ved i denne nådens erkendelse og ikke nogensinde føres bort til en anden slags lærdom. Som om han ville sige: Jeg véd, at der hos Gud er tilgivelse. Denne fornemste artikel har jeg nogenlunde lært. Nu kommer det an på, at jeg håber, for at jeg kan have den højeste trøst i den tilgivelse, som jeg har mærket er hos Gud, og altid kan beholde dette håb om tilgivelse.

Men profeten viser på dette sted, hvor let sjælene føres bort fra denne erkendelse til diskussioner, enten offentlig eller privat. *Da vi var bedst i gang med at udbrede den sunde lærdom,* forhindredes vi først af oprørske mennesker, siden af dem, som vanhelligede Kristi legeme og blods sakramente, endelig også af gendøbere. Idet vi kæmpede med disse, undlod vi næsten omhyggeligere behandling af denne lære. *For ved ikke at undervise, men at diskutere, tabes sandheden.* For diskussioner fører det onde med sig, at hjerterne så at sige vanhelliges. *Optaget af strid forsømmer man det, som er det væsentligste.* Således var Eva i Paradiset smukt standhaftig, så længe hun holdt fast ved Guds bud. Men hun lokkes af slangen til en uvedkommende diskussion om hensigten med den forbudte frugt og føres således bort fra ordet. Fremdeles véd Satan, at denne artikel om retfærdiggørelsen ikke kan omstyrtes endog af Helvedes porte. *Det, som han derfor ikke vover at forsøge ad den lige vej, prøver han at udrette indirekte.* Han begynder diskussioner, lader os møde forskellige foreteelser, og idet vi ser på dem og i en god hensigt træder til for som voldgiftsmænd at stille striden, indvikles vi selv i sagerne og føres lidt efter lidt bort fra dette øjemed. *Man bør ganske vist kæmpe mod kætterier, men således, at vi ikke bare er optaget af det og så glemmer hovedartiklen.* Denne fare viser David, idet han således fremhæver sit eksempel. Han siger nemlig: Det koster stor møje at vedblive i denne lære. Jeg vil derfor tænke alene på at håbe på Herren og vogte mig, at ikke denne erkendelse skal rives fra mig.

Han tilføjer: "Min sjæl håber". Det er en hebraisme, ligesom vi siger: Jeg vil håbe af hele mit hjerte. Det er en forstærkelse, nemlig at han ikke alene siger, at han vil håbe på Herren, men han tilføjer: Af hele mit hjerte vil jeg håbe, for at tilkendegive sin brændende iver i at fastholde denne lære. Men man skal især lægge mærke til, hvad han tilføjer: Jeg venter eller håber på dit ord. Paven, kætterne, jøderne siger også, at de håber, men de forlader ordet og følger deres egne tanker. Dette er vel et håb af navn, men i virkeligheden er det intet. *For man må ikke vige fra ordet, som det lyder.* For hvis det sker, hvad sikkert kan man da vide om Gud? Især da Gud derfor har givet ordet, derfor indsat ordets tjenere, øvrighedspersoner, forældre, osv. Deres ord har han befalet os at holde og at adlyde deres myndighed. For han vil ikke, at vi skal håbe ifølge vore egne tanker, således som de vanhellige ånder også i vor tid lærer, som tror at de kan have med Gud at gøre uden det ydre ord og sakramenterne. *Han har bundet os til ordet, som er overgivet bestemte tjenere i kirken.*

Men profeten beskriver en anden fristelse, som sætter ind på dem, som ikke er omhyggelige i at holde fast på erkendelsen af barmhjertigheden. For dette gør Satan: Enten borttager han ordet offentligt, eller han forhindrer dette håb privat hos dem, som har ordet. Således havde paven ordet, han havde sakramenterne også, og dog tillod han, skønt ordet og sakramenterne blev stående, at han blev revet bort til valfarter, regler, løfter osv. Hvad der har hændt os med sekterne, har jeg allerede før fortalt. *Men hvem kan opregne alle de farer, ved hvilke sjælene daglig selv tilskyndes til at falde fra ordet til andre meninger, som fornuften danner sig uden for ordet.* Sådan møje er det at undgå disse Satans kunster. Han siger altså: Jeg vil ikke tillade, at jeg rives fra ordet, men jeg vil ved ordet håbe på syndsforladelse og jeg vil ikke danne mig min tro af mine egne tanker, men af ordet. Der er altså en dobbelt fare, mod hvilken profeten advarer os ved sit eksempel. Den første er hos dem, som foregiver tro, uagtet de borttager ordet, som de vanhellige ånder. Den anden er hos dem, der vel har ordet, men ikke beholder det, idet de føres bort til afguderi således som pavedømmet. Men den tredje fristelse er den værste, imod hvilken han siger:

v6 min sjæl venter på Herren mere end vægterne på morgen,
end vægterne på morgen.

Dette er den tredje fristelse: for når Satan ikke kan vinde ad den lige vej, så at vi enten viger bort fra ordet, som det lyder, til vore tanker, som kætterne gør, eller hvis vi holder fast ved ordet vender os til afguderi som papisterne, da lægger han an på *at gøre os trætte* og således besejre os. Derfor skal der ikke alene et stort mod til for at sejre, men også *vedholdenhed*, at vi ikke skal tillade, at vi overvindes af hans uredelighed. For dette ser vi ofte, at de, som ingen fares størrelse kunne overvinde, overvindes af farernes varighed. Og når det gælder krig, er det intet, som roses mere, end det at trænge ind på fjenden. Således vinder tyrkerne, uagtet de oftere lider store nederlag, fordi de trænger standhaftig på. Denne vedholdenhed, siger David, må ydes af dem, som vil beholde læren om retfærdiggørelsen og retfærdigheden selv. Og han fremsætter her sit eget eksempel, at ligesom fjenden ikke ophører at angribe, således ophører han ikke selv med at vente og at se hen til Herren, så han må sejre, ikke alene ved en stærk og mægtig, men også *ved en vedholdende tro og ved et utrætteligt håb*.

Lad os altså lære, hvordan vi skal kæmpe i overensstemmelse med vor fjendes planer. Han bliver aldrig træt i sin bestræbelse for at ødelægge kirken. Således fulgte i begyndelsen ét kætteri lige efter et andet, én forfølgelse straks efter en anden. Således havde vi også først at kæmpe mod pavens uhyrer. Da disse var overvundet, opstod nadverforagterne, derpå fulgte gendøberne. Disse vildfarelser er ikke opstået først nu, men den utrættelige fjende, vel øvet i at skade med sine rænker, opvækker på ny allerede for længst til ro bragte onder, for at ikke den plagede kirke skal have tid til at trække vejret. For vi ser, hvordan det overalt begynder at blive fuldt af epikuræere og der er ikke få, som kalder det arianske kætteris sædekorn til live igen. Denne fjendes hårdnakkethed er det nyttigt at kende til, så vi ikke skal falde hen i sikkerhed. *For det er ikke nok at have sejret engang, men kamp følger på kamp, sejr på sejr.*

Og ligesom vi ser denne fjendens uforskammede vedholdenhed i kirkens historie, således erfarer vi den også i det private liv. Hvis du derfor har sejret ved bøn i dag, så vær ikke tryg, i morgen vil han vende tilbage stærkere og bedre rustet, derfor *bered dig på en ny kamp.* Således hænder det ofte, at en tanke, som vi i dag let har kunnet få bugt med, i morgen besejrer og forstyrrer os. Derfor bør en kristen være rustet ikke alene med kræfter, men med udholdenhed. For han løber ikke på en løbebane, som har en bestemt længde, men han har foran sig en cirkel, hvor han bestandig kommer tilbage til begyndelsen. Derfor siger Kristus: "Den, der holder ud til enden, skal frelses". Derfor bør vi ikke lade os overvinde af ondskab eller ligge under for mismod, men vi må ikke alene kæmpe mod vold og list, men også mod mismod, så at vi opmuntrer os ved denne forvisning, at ligesom Satan ikke sover eller hviler, så hviler vor Herre og Gud heller ikke.

På den måde fremsætter David for os sit eksempel, for at vi rustede mod fristelser, som følger, efter at vi har fået syndernes forladelse, ikke skal vige for Satan. Det er ganske vist sikkert, at tilgivelsen er hos Gud, at vore synder er os forladt, at vi er døbt til Kristi død og kaldet ved ordet til de helliges samfund og sammen med Kristi øvrige lemmer styrkes ved Kristi legeme og blod. Men selv om alt dette er sikkert, er der dog fare nok for, at vi skal bedrages af den listige fjende, som fra alle kanter efterstræber os. På højre side truer han ved hykleri og tryghed, på venstre ved tyranner og fortvivlelse. Hertil kommer alt andet ondt påfund, så at han aldrig er langt borte.

Derfor siger profeten: Min sjæl venter på Herren mere end vægterne på morgen. *Dette er de kristnes tålmodighed.* Bekendt er hedningernes udsagn: Når tålmodigheden ofte krænkes, opstår raseri. For hvis deres tålmodighed tåler noget, tåler den det med en vis fortvivlelse, så at sindet tror, at det tåles forgæves. Derfor vendes tålmodigheden til raseri og overvældes af fortvivlelse. Men de kristnes tålmodighed tillader ikke, at den undertrykkes, men den holder håbet oppe fra dag til dag, fra år til år og således triumferer og sejrer den endelig. Det er noget stort i det offentlige at beholde et ubesejret mod lige over for de daglige ulykker, som hænder. Men at holde ud i de ulykker, som David ved sit eksempel viser, truer de kristne, som allerede har modtaget syndernes forladelse, at opretholde håbet under synden og samvittighedens anklager og at tåle andre plager, hvormed Satan uden ende plager det troende hjerte, dette er en guddommelig dyd og en sådan kamp, som ærens ufravigelige krone er forjættet.

Nu følger en formaning til at efterligne dette eksempel og omfatte denne lære.

v7 Israel, vent på Herren, for hos Herren er der troskab, hos ham er der altid udfrielse.

Dette er i sandhed et gyldent vers og værdigt til at blive omhyggeligt kendt. For han ønsker og opmuntrer til, at hele folket efter hans eksempel skal søge fred i og blive fast ved håbet om Guds barmhjertighed. *For troen må ikke vurderes så ubetydelig, som papisterne lærer.* De drømmer om, at *troen er ligesom en egenskab i hjertet*, som ligger *passivt* i hjertet, efter at det har lært at stave disse ord: Jeg tror på Gud. Fordi de aldrig erfarer de kampe, som troen må kæmpe, spotter de os også, når vi siger, at *troen er den fornemste dyd, ved hvilken vi alene retfærdiggøres og befries fra synden.* For det er sandt, hvad vismanden siger: Tåben forstår ikke, med mindre du siger det, som er i hans eget hjerte. *Det, som vi tillægger troen, tillægger de altså kærligheden* og ophøjer den over troen. Men hvis du maler troen sandt og med dens rette farver, overgår troen langt kærligheden.

For se *troens genstand*: For Guds ansigt kæmper den ganske alene mod Satan, som aldrig holder op med at stride, og det angående døden og det evige liv, om synden og den anklagende lov, om nåden, som tilgiver. Hvis du hermed sammenligner *kærligheden, som er beskæftiget med at lindre menneskers ulykker*, hvad enten der behøves trøst eller hjælp, hvem ser så ikke, at troen langt overgår den? For hvilken forskel er der ikke mellem Gud og menneske, mellem menneskelige fornødenheder og den evige død? Dette er altså troens opgave, at den i de største farer stadig kæmper med Satan for Guds åsyn; for, som vi før har sagt, den onde fjende holder ikke ferie. Skønt kærligheden altså ikke alene er en skøn dyd, men også en, som udmærker sig stort, når man sammenligner med andre åndelige dyder, så er dog troen uendelig større og ærværdigere, hvad enten du ser hen til dens genstand eller andre ting.

For dette er *troens frugt*, at hjertet mærker, at døden er overvundet ved Kristi død, at synden er sonet og loven afskaffet ved nåden og tilgivelsen. Dette er i sig selv sikkert nok, men vor svaghed er så stor, at vi ikke kan gribe det sikkert, derfor forskrækkes vi endnu ved tanken på synd og død. For hvis denne tillid til Guds nåde var fuldkommen, kunne aldrig nogen sorg bemægtige sig det troende hjerte. Derfor bruger David denne opfordring, at Israel, efter at det har fået forladelse, må vedblive i forventning og ikke tillade, at tilliden til barmhjertigheden fravrives det. Det ord, han bruger, betyder egentlig at forvente. For han ser på den kamp, at sjælen begynder at tvivle på Guds barmhjertighed på grund af modgang, som den rammes af. Fordi sjælene i en sådan kamp ikke straks føler det, som ordet lover og troen tror, falder de i fortvivlelse. Mod denne fristelse minder han her om, at de må huske på at vente og ikke vige fra ordet eller mene noget mod ordet.

Og han tilføjer grunden:

v7b Hos ham er der altid udfrielse.

I fristelse og farer mener kødet, at der hos Gud intet er uden vrede. Ånden trøster os derfor og forsøger at udslette denne ugudelige mening om Gud og forkynder, at der hos Gud er tilgivelse eller godhed, når vi kun forventer ham. Men derfor behøver vi dette vidnesbyrd, fordi vi, når vi mærker vor følelser, erfarer det modsatte. Men man skal *ikke dømme efter følelser og det nærværende*, men man må følge ordet og slutte, at dette må tros, ikke erfares. For at tro er ikke at erfare. Ikke sådan, at det aldrig kan erfares, hvad vi tror, men at *troen bør gå forud for erfaringen,* og at *vi må tro ordet også, når vi føler og erfarer det modsatte af ordet.* Som når sjælene i ulykker slutter, at Gud er vred på os, ikke bryder sig om os, men hader os. Troen derimod forsikrer, at der hos Gud ikke er vrede, eller had eller straf eller skyld, men at skønt han tillader, at vi bliver bedrøvede, sker dette ikke, fordi han vil gøre os ondt; for hos ham er tilgivelse, og at han tænker på velgerninger, nemlig at befri os fra ondt, at døde synden og forøge andre gaver hos os.

Hvad underligt er det, hvis dette ikke overgår de ugudelige? For enten tror de aldeles ikke, eller når de tror, bliver de ikke bestandige. Derfor må vi troende også føje håbet til troen, så at, uagtet vi føler og erfarer det modsatte, og Gud synes som en fjende at plage os, vi dog *ikke tror nogen erfaring mere end ordet og Helligånden,* som forkynder, at der hos Gud er tilgivelse eller godhed, idet han elsker os og ønsker at gøre os vel.

Dette er Helligåndens sandhed, at vi skal tro, ja med sikkerhed fastholde, at der hos Gud ikke er vrede. Selv om også ydre ulykker sker, som sult, sygdom, sjælesmerte og andet ondt, skal vi bære sådanne fristelser ved tro og håb og bevise vor tålmodighed for Gud ved at håbe på befrielse i passende tid. Således som Paulus byder i Romerbrevet, at vi også bør rose os af trængsler. For hvis ikke Gud elskede os, hadede Satan os ikke, hvis vi ikke havde livet, forfulgte vor fjende os ikke med døden. De, der er mest retfærdige og hellige, fordi de fastholder tilliden til syndernes forladelse, dem angriber Satan således i deres samvittighed, så at han sommetider af, at de har *drukket et glas vin eller sagt et ufornuftigt ord,* gør en sådan synd, at han fordunkler dåben og alle gaver, som vi besidder. Ja ofte tilsmudser han gode og hellige gerninger, så at sjælen henkastes i sørgmodighed. Alt dette, siger jeg, erfarer de hellige. *Men hvor ville vi ikke fejle, hvis vi med tilsidesættelse af ordet, altid ville følge vor følelse og erfaring?* Således handler Satan ikke med papisterne. Han handler ganske modsat, ja han besmykker deres græsselige skændselsgerninger og ugudelige forbrydelser, som om de var den højeste fromhed. Men vi, som ønsker og forsøger at leve i overensstemmelse med Guds vilje, og som desuden lærer allermest rent, vi har ofte en samvittighed, som om vi levede i højeste grad forkasteligt.

Man må altså i teologien lære, at dette hænder de fromme og må *overvindes med disse tanker, som Helligånden her fremsætter,* så at vi slutter hos os selv: Jeg er kaldet til at have del i Kristi fortjeneste og jeg er døbt. Hvis dette daglige liv har synder, så må de forsvinde ved tilliden til tilgivelsen. Men læren kan ikke andet end at være sand, selv om verden laster den og modtager den med spot. Denne tilkendegiver, at der, efter at vi er kommet til tro på Kristus, *intet andet er hos Gud end godhed, fordi Gud ikke kan lade være at elske og gøre godt.* Men hvis det synes anderledes i følelsen, bekymrer jeg mig ikke derom. Heller ikke om jeg skal dø, vil jeg tillade, at denne erkendelse frarives mig, men jeg tror sikkert, at der nedentil på jorden og oventil i himmelen intet andet er end godhed. *Jeg slutter ikke dette af følelsen eller af nærværende ting, men af ordet,* som siger: Hos Gud er tilgivelse for mig og alle, som tror. Men over dem, som ikke tror, over dem er Guds vrede. Jeg vil altså *overvinde mine tanker ved ordet* og skrive denne forjættelse i mit hjerte, at fordi jeg har troet på Kristus Jesus og ikke tvivler på, at mine synder er mig forladt ved hans blod, skal jeg ikke fortabes, selv om al følelse og erfaring taler og vidner det modsatte. Hos mig føler jeg vreden, hos Djævelen mærker jeg had, hos verden det yderste raseri, men Helligånden lyver ikke, som befaler at håbe. For hos Gud er forladelse, og der er megen forløsning hos ham.

Forløsning betyder befrielse og den er altomfattende, *såvel fra skylden som fra straffen,* dog mest fra skylden. Han kalder den rigelig eller stor på grund af vort hjertes tranghed. For når vi beder om befrielse, beder vi således, at vi synes at være fornøjet med lidt. Således ønsker de, som trykkes af sindets bedrøvelse, én dags ro. De, som trykkes af fattigdom, mener at blive tilfredse med dagligt brød. Men dette er ikke nok for Gud, for han giver over, hvad vi kan forstå eller bede om. Det er desuden sandt, at vi ikke véd, hvordan eller om hvad vi skal bede om. Jeg bruger gerne egne erfaringer. For hvad og hvor meget har han ikke givet mig alene? Jeg ønskede ikke mere, end at det ene misbrug af afladen måtte bortskaffes. Men hvilken fylde af de forunderligste og største velgerninger fulgte ikke?

Således er det i sin almindelighed sandt, at ingen vover at bede om så meget, som Gud er beredt til at give. Årsagen er vort hjertes tranghed, vort håbs ringe styrke, vor tros svaghed. Den overflødige forløsning overgår således uendelig meget vor bøn. Derfor har også Gud overgivet os formen for bønnen. For hvis denne ikke var således foreskrevet os af Kristus, hvem af os ville da vove at bede om så mange og store ting? Vi bliver altså ved Kristi fortjeneste ikke alene sejrherrer over synd, Helvede og død, men *vi mærker også i dette liv Guds overstrømmende godhed.* Og skønt vi aldrig ville have vovet at bede om så store ting, har Gud dog givet os dem og vil give os andre også.

Derfor siger profeten, at det er en rig forløsning, idet den nemlig er større, end vi kan fatte. For ligesom vi kun tror lidt, så beder vi også kun om lidt. For Gud Fader selv giver sin rige velsignelse over vor bøns små gnister og tros dråber, og om han nøler, erstatter han det ved at give rigelig. For om man også må vente, er befrielsen siden desto rigeligere. Jakob, det er Israel, ventede på Herren! Hvad fulgte da? Næsten hele jorden har dette lille folk forandret, som fremstod af en så ringe begyndelse. Tror du ikke, at Abraham, hvis han havde set hele sit afkom og de herlige begivenheder, ville have sagt, at han aldrig havde kunnet håbe dette i sin sjæl? Han troede vistnok Guds forjættelse, men en så forunderlig og herlig lykke for sit afkom kunne han ikke tro på grund af det menneskelige hjertes tranghed. Således bad også kirken efter Kristus for Guds rige. Efter denne bøn fulgte det romerske riges fald, selv om det syntes uovervindelig. Også vi beder i dag om befrielse.

Derfor vil Herrens dag komme og adsprede hele verden med hele Satans og Helvedes magt. Lad os derfor sørge alene for dette, at vi kan blive ved i tro og håb, da vil Herren gøre en herlig udgang på alle farer. For Gud vil ikke forlade os, uden at vi først har ophørt at håbe og bede.

Altså må de kristne beholde dette håb, at trængslen aldrig er så stor, som befrielsen vil blive. Men hvis de føler og tror andet, har de dårlige tanker. For dette er summen af det første bud, hvad han her siger: Hos Gud er en rig forløsning. For dette er i sandhed at være Gud: At forløse og befri og det med større majestæt og herlighed, end et menneskeligt hjerte kan tænke.

v8 Han udfrier Israel fra al dets skyld.

Denne forjættelse er slutningen af Salmen, hvori han igen viser, hvilken grund han har haft til at bede og, hvad vi i lignende fare bør håbe. Det er overmåde godt at se Guds godhed, ikke alene deri, at han giver os dette liv, styrer og bevarer det, men meget mere deri, at han viser sig som en fjende af synden og døden og er betænkt på at forløse og befri os fra disse. For ved dette er det, at de andre Guds gaver bliver behagelige. For skønt vi véd, at vi er Guds skabning, kan vi dog ikke med frit mod nyde Guds gaver på grund af bedrøvelse, frygt for døden, en ond samvittighed og andre onder. *Dette er altså at male Gud med de rette farver*, så at dette liv og alle skabninger bliver os søde, når han males i overensstemmelse med dette vers: at han vil forløse sit folk fra synden, at han vil dræbe døden, ødelægge Helvede og knuse Satan. En sådan Gud er de troendes Gud, de troendes, siger jeg, med hensyn til dem, der nægter og foragter ham. For skønt de, som tror, er frygtsomme og plages af døden og Djævelen, så véd de dog, at Gud er en forløser fra alle deres misgerninger. De oprejses derfor og håber, ventende den befrielse, som er lovet i ordet.

Lad da dette vers tjene som en beskrivelse af, hvad *Guds embede* er eller, hvad hans vigtigste opgave er, nemlig, *at han vil tage sig af syndere*, så at han både afskaffer synden og skaber liv, retfærdighed, glæde og alt godt. Og *midlet*, som Gud bruger til det, véd I, er Kristus, som han derfor sendte til denne verden og underkastede dødsstraf, for at *de, som tror på ham*, skulle få syndernes forladelse og blive Guds børn. Således lærer hele Salmen ikke om det ydre liv eller om gode gerninger, men alene om tro og håb på Gud ved Kristus og om endelig sejr mod Satan, synden og døden. For dette står ikke i menneskelig magt eller beror på vor kraft, men på guddommelig gerning og kraft. Men *det meddeles os*, fordi der hos Gud er barmhjertighed og rig forløsning. Dette er den eneste måde og vej, ad hvilken man kan komme til denne sejr. Læren om gerningerne har et andet øjemed og må holdes frem på den måde, at intet tages bort fra Kristi ære og fortjeneste, således som vi, Gud være lovet, overalt redelig har behandlet denne artikel. Men Kristus give, at det samme lys også må lyse for vore efterkommere, amen.

Esajas 53
forklaret af Martin Luther

Forelæsninger 1527-30 over hele Esajas
Latin tryk 1534 af hele Esajas
Om Kristi lidelse og herlighed, (tysk 1539)

"Das LIII. Capitel Propheten Jesaia, Von dem Leiden vnd der
Herrligkeit Christi, Ausgelegt durch D. Mart. Luther. Wittemberg.
1539."
Tekst: WA 25, 325-39

Esajas 52

v13 Se, min tjener får lykken med sig,
han knejser, han ophøjes og løftes højt.
v14 Som mange gyste over ham
– så umenneskeligt ussel så han ud,
så ussel var hans skikkelse blandt mennesker –
v15 sådan hensætter han mange folk i forundring,
over ham lukkes munden på konger;
for det, de ikke har fået fortalt, ser de,
og det, de ikke har hørt, indser de.

Esajas 53

v1 Hvem troede på det, vi hørte?
For hvem blev Herrens arm åbenbaret?
v2 Han skød op foran Herren som en spire,
som et rodskud af den tørre jord.
Hans skikkelse havde ingen skønhed,
vi så ham, men vi brød os ikke om synet.
v3 Foragtet og opgivet af mennesker,
en lidelsernes mand, kendt med sygdom,

én man skjuler ansigtet for,
foragtet, vi regnede ham ikke for noget.

v4 Men det var vore sygdomme, han tog,
det var vore lidelser, han bar;
og vi regnede ham for en, der var ramt,
slået og plaget af Gud.
v5 Men han blev gennemboret for vore overtrædelser
og knust for vore synder.
Han blev straffet, for at vi kunne få fred,
ved hans sår blev vi helbredt.
v6 Vi flakkede alle om som får,
vi vendte os hver sin vej;
men Herren lod al vor skyld ramme ham.

v7 Han blev plaget og mishandlet,
men han åbnede ikke sin mund;
som et lam, der føres til slagtning,
som et får, der er stumt, mens det klippes,
åbnede han ikke sin mund.
v8 Fra fængsel og dom blev han taget bort.
Hvem tænkte på hans slægt,
da han blev revet bort fra de levendes land?
For mit folks synd blev han ramt.
v9 Man gav ham grav blandt forbrydere
og gravplads blandt de rige,
skønt han ikke havde øvet uret,
der fandtes ikke svig i hans mund.

v10 Det var Herrens vilje at knuse ham med sygdom.
Når hans liv er bragt som skyldoffer,
ser han afkom og får et langt liv,
og Herrens vilje lykkes ved ham.
v11 Efter sin lidelse ser han lys,

han mættes ved sin indsigt.
Min tjener bringer retfærdighed til de mange,
og han bærer på deres synder.
v12 Derfor giver jeg ham del med de store,
med de mægtige deler han bytte,
fordi han hengav sit liv til døden
og blev regnet blandt lovbrydere.
Men han bar de manges synd
og trådte i stedet for syndere.

Indledning

Den hellige profet Esajas har hidindtil i de forrige kapitler herlig og dejlig spået om den kommende forløsning ved den Herre Kristus, og om hans rige, som er kristenheden, hvilket skal opbygges ved evangeliets ord, tiltage og opholdes under kors og forfølgelser, og deri har han givet megen dejlig trøst til kristenhedens og de troendes bestyrkelse. Men i dette kapitel taler han især om dette riges konge og den kristen kirkes hoved, det er, om den Herre Kristus selv, og måden, hvordan forløsningen ved denne konge skal erhverves og udrettes. Og i det hele gamle testamente er der visselig ingen klarere tekst eller spådom både om Kristi lidelse og opstandelse, end i dette kapitel, derfor skal det med rette være alle kristne vel bekendt, ja de skulle også kunne det udenad, til at styrke og forsvare vor tro med, allermest mod de hårdnakkede jøder, som nægter denne deres egen forjættede Kristus, alene for hans korses forargelses skyld.

For det kan ingen nægte, at jo profeten Esajas i dette kapitel egentlig taler om den forjættede Kristus eller Messias, om hvilken han tydelig siger, at han skal højt ophøjes over alle konger i verden, og beskriver dog desuden, hvordan han skal fornedres, slås og pines, og være den foragteligste blandt alle mennesker, så at man endog skal skjule ansigtet for ham. Derfor kan man ikke udtyde den kære Herres Kristi rige på et ydre og verdslig rige.

Det er også vel at mærke, at han siger med klare ord, at Messias rige skal være det allerherligste og mægtigste, men dog først efter hans død. Deraf kan man grundig og vis slutte, at Kristi rige ikke er et verdsligt rige, som jøderne drømmer om, men må være et åndeligt rige, som her efter i teksten videre skal høres.

Kap. 52.

v13. Se min tjener

Han kalder Kristus sin tjener, ikke som Moses var, eller som gerningshelgener og munkene roser sig af, og kalder sig Guds tjenere, men fordi han fører det embede, som er ham betroet af Gud, nemlig at indføre evangeliets nye prædiken i verden.

Men at han siger: han skal regere viselig, dermed roser han det prædikeembede, som vor Herre Kristus har ført, da han vandrede på jorden, og det ord viselig indbefatter både den visdom og det råd, hvormed han skulle angribe det, og den velsignelse, hvormed det skulle få fremgang og lykkes.

For da Kristus kom og ville indtræde i sit embede, da fandt han alle ting ganske forvirrede, forstyrrede og fordærvede af de falske lærere, og det syntes umuligt, at sagen kunne rådes og hjælpes, dog har han ført sit embede med sådan visdom, så det i alle ting gik vel og lykkelig afsted; for han behandlede ikke folket med magt og tvang, angreb ikke sine fjender med storm og bulder, indviklede sig heller ikke i fremmede sager og regering, men prædikede smukt, stille og fredelig uden al alarm, forstyrrelse og oprør. Ja uden nogen skade, med stor ømhed og venlighed bragte han folket til sig, så de gerne antog ham, med sagtmodighed og tålmodighed overvandt han sine fjender, og gik således smukt rigtig igennem, fuldførte sit embede, opbygge og opholdt kristenheden imod Djævelen og al verden. Således er der vist i disse ord: (min tjener skal regere viselig) hvordan han skal regere ved evangeliet prædiken, men det er sat både imod Moses og andre læreres regering, som også vil regere samvittighederne, men er heftige og stormende lærere, farer kun afsted med at befale og drive, true og forskrække, hvormed de skræmmer og jager folk længere fra sig. Men Kristus, vil han sige, skal være sådan en prædikant, som omgås viselig, det er med fornuft, og ømt med de arme samvittigheder, som af loven og gerningslærere er ængstede og plagede, støder ikke de vildfarende, svage og fortabte syndere for hovedet, eller driver dem fra sig, men lokker dem med venlighed og godhed til sig, samler, leder, trøster, opretter og helbreder, ja forløser os alle fra synd, død og Helvede, med ingen anden magt, end derved, at han giver os livets ord, hvorved vi, som tror det, bliver Guds børn og salige. Dette kan ikke andet, end at være en guddommelig visdom og klogskab, der udretter sådanne ting, og på sådan en måde, som er al verden umulig osv.

v13b. Han ophøjes og løftes højt.

De forrige ord er talt om Kristi embede, men disse tale om hans herlighed og ære, at Kristus efter sit embede, som han har øvet på jorden, skal være i evig ære og herlighed over alle konger og fyrster, og skønt man vel kan udtyde det på hans embedes ære og pris, som han havde hos sine troende på jorden på grund af hans prædikener og underfulde gerninger, så behager denne mening mig dog bedre, at profeten med disse ord kort sætter det hele indhold af det, han vil tale om, nemlig om sådan en konge, som først viselig og vel skulle udrette og forsyne hans tjenestes embede, så længe sådan tjeneste var ham pålagt, men efter den samme skulle han være i højeste ære.

v14. Som mange gyste over ham.

Kristus skal vel være i herlighed, og dog synes således i det ydre, at den største del af hans eget folk skal forarge sig over ham og ganske få skal tro og antage, at han er Kristus og deres konge i den høje guddommelige herlighed, fordi han så skændig skal korsfæstes og dræbes, som han herefter vil vise. Det ord, han her bruger, at forarge sig, betyder egentlig, at anstille sig således, som imod en ting, man har en væmmelse og skræk for.

v14b. så umenneskeligt ussel så han ud, så ussel var hans skik-
kelse blandt mennesker.

Her begynder den hellige profet at beskrive den høje, herlige konge i
hans største ydmyghed og fornedrelse, så hans jøder ikke skulle tænke,
at han skulle ride ind og lade sig se i verdslig pragt. Hans skikkelse,
siger han, er hæsligere end alle andres, deraf følger, at vi ikke skal håbe
på den Messias, som skal være en verdslig konge, men vi må vente ham
i den allermest foragtelige og hæslige skikkelse og anseelse; for han ta-
ler ikke om hans legemes skikkelse, men hvad for en anseelse og skik-
kelse det skulle have med Kristus, når han nu skulle udrette alle ting i
sit embede, nemlig sådan en anseelse skulle det have, at slet intet af en
herlig konges skikkelse skulle ses hos ham, men man skulle se idel for-
agtelig tjeners skikkelse hos ham; og det er årsagen til den store forar-
gelse, hvorom han ovenfor har talt, så siger og Paulus i 1 Kor 1, 23. Vi
prædiker den korsfæstede Kristus, som er jøderne en forargelse osv.

v15. sådan hensætter han mange folk i forundring, over ham luk-
kes munden på konger; for det, de ikke har fået fortalt, ser de,
og det, de ikke har hørt, indser de.

[Luther har teksten: Han bestænker… osv.]

Nu kommer profeten Esajas igen til Kristi herlighed. Mange skal for-
arge sig over ham for hans hæslige skikkelses skyld, og dog skal hans
navn og pris komme vidt ud blandt hedningerne, så han skal blive her-
ligere end alle konger på jorden, derfor er nu Kristus både en konge
over alle konger, og dog den hæsligste blandt alle mennesker på jor-
den, hvoraf der vist og klart følger, at vor Herres Kristi rige må være et
åndeligt rige.

At bestænke betyder her at prædike, derfor siger han: når han nu
har lidt, da skal der udgå en ny evangeliets prædiken, ikke alene blandt
jøderne, men endog blandt alle hedninger. *Men denne prædiken skal
det være, nemlig, at han er korsfæst for os*, og at han dog er en Herre
over alle Herrer, som Paulus også siger om sit embede, at han intet véd
at prædike, uden denne korsfæstede Kristus, hvilken, skønt han vel er

jøderne en forargelse, og de vise en dårskab, dog må han her for, og i sådan ringe og forargelig skikkelse være herlighedens konge, og *skønt han prædikes, som korsfæstet, skal han dog i troen antages og æres, som en Herre og Gud.* Nu dette kan jøderne ikke rose om nogen anden konge, som har regeret blandt dem, at alle hedningers konger har lukket deres mund for ham, (det er, uden modsigelse hørt og antaget hans ord) uden alene for denne konge, vor Herre Jesu Kristus. Dernæst viser Esajas den prædikens lob og forkyndelse om den korsfæstede Kristus, og forklarer dermed selv, hvad han mener med det, at bestænke mange hedninger, når han siger:

V. 15. For de, som det ikke var forkyndt, skal se det med lyst.

Det er, hvor man ikke har hørt eller vidst noget om Kristus, der skal man høre om ham; for hans lærdom og prædiken skal ikke alene plantes og udbredes blandt jøderne, som har hørt og lært Guds forjættelser og løfter om Kristus, men den skal også forkyndes for alle hedninger, som dog ikke har vidst eller været underrettet om disse Guds herlige løfter, han vil også vise, når han siger: de, som det ikke var forkyndt, at denne Herres rige skal være et åndeligt rige. For man skal ikke antage denne konge efter ydre skikkelse, eller at han fører stor kongelig pragt, men efter hans ord og lærdom, og således skal man kende ham osv. Derfor befæster den kære profet mægtig vor tro, vi som tror og prædiker vor Herre Kristus, nemlig, at han har lidt, og er dog også ophøjet til herlighed, og at man stedse skal prædike dette om ham.

Kap. 53.

v1. Hvem troede på det, vi hørte? For hvem blev Herrens arm åbenbaret?

Den kære profet Esajas ser i ånden vor Herres Kristi uudsigelige, herlige ære, og hans underlige rige, som han fører i ånden, at det skal være

fuldt af forargelse, og særdeles, når han tænker på hans jøder, da for-
undrer han sig, begynder ligesom højt at skrige, og siger: Ak, Herre!
Men hvem skal tro alt dette, når det bliver fuldkommet? Som han ville
sige: Det skal være så hæslig, forargelig og utrolig en ting, at dette folk,
blandt hvilke denne prædiken dog skal udgå, og bliver nu før forkyndt
ved os, allermindst skal tro det, og denne prædiken skal almindeligvis
være forgæves hos dem; for vore jøder, som endnu lever, de tror alle
ting før og lettere, end at vor Herre Kristus er den forjættede Messias.
Så ser vi også i evangeliet, hvor stor vantro jøderne har vist og haft
imod Kristus, fordi vor Herres Jesu Kristi svage og elendige skikkelse
så heftig forarger dem. *Derfor må Gud Helligånd give og indgyde denne
tro til Kristus i os*; for hvad skulle dog *den blinde fornuft* forstå heraf?
Derfor siger han: Hvem tror det? At der under denne elendige skik-
kelse skulle være sådan en herlighed?

**v2. Han skød op foran Herren som en spire, som et rodskud af
den tørre jord. Hans skikkelse havde ingen skønhed, vi så ham,
men vi brød os ikke om synet.**

Hidtil har han kort sat disse to stykker, som en hovedtekst både om
korsets ringhed eller skikkelse, og om hans herlighed. Nu går han vi-
dere, og tager det første stykke om hans lidelse for sig, udfører den
rigelig og med klare ord, og siger: Han opvokser, som en dejlig gren
eller skud udskyder og grønnes, dog af tør jord, hvor intet ellers plejer
at vokse, men om noget alt er opkommen og skal vokse, det da langt
snarere visner, fordi det ikke har saft og væske, således kommer det
mig for med denne Kristus, vil han sige, ligesom når en ung gren skal
vokse op af sådan en tør, ufrugtbar jord, som man dog holder for umu-
lig.

Så er nu Kristus sandelig sådan en gren, som opvokser, men ikke
for verden; for han har der slet ingen anseelse, som sagt er, men op-
vokser for ham, det er for Gud Fader, derpå kommer det aldeles an, og
deri er eftertrykket, at Kristi ære og herlighed skal forstås åndelig. Og
således ser vi, at denne Kristus, som slet ingen anseelse eller skønhed

har, er dog den allerdejligste af skikkelse, og i den dybeste ydmyghed
og ringhed er han dog den allerhøjeste og herligste; i armod og elen-
dighed er han den rigeste; ved død og skam bliver han levende og her-
lig. Den tørstige, hårde jord betyder hans lidelse, men at han opstår fra
de døde, det er ligesom en kvist, som opvokser og grønnes på et tørt
og stenfuldt sted.

v2b. Hans skikkelse havde ingen skønhed,

Det er jo klart nok talt; for med det ord: ingen, er al herlig skikkelse og
anseelse ham frataget, så der bliver intet tilbage, uden idel forargelig
og skændig skikkelse. Tyve, mordere, skælmer og alle andre overtræ-
dere er vel elendige at anse, men dog ynkes enhver over dem, når man
fører dem hen til at straffes, så de dog ikke dør så ganske skændig. Men
hos den kære Kristus er alting led og skrækkelig; for til hans store li-
delse og pine bliver han endog af jøderne ganske hæslig og skændig
bespottet, forbandet og forhånet. Derfor siger Esajas også: Vi så ham,
osv. som den, der offentlig blev korsfæstet og gjort til en forbryder, og
således, at der dog slet intet var at se på ham, som kunne behage os,
men den allermest forsmædelige lidelse og død, som enhver må have
afsky og væmmelse for.

v3. Foragtet og opgivet af mennesker, en lidelsernes mand, kendt med sygdom, én man skjuler ansigtet for, foragtet, vi reg- nede ham ikke for noget.

Det må jo ikke være en ringe lidelse, men den allerskændigste frem for
alle menneskers, som nogen tid har været i elendighed, lidelse, foragt
og skændsel, og disse ord kan jo ikke forstås om en herlig konge, som
jøderne drømmer om, ja de er tvunget til ved disse den hellige profe-
tord, da de ikke kan gå dem forbi, at de har opdigtet to Messias'er. Én,
som for længe siden er kommet, ja også endnu vandrer på jorden, som
en elendig betler, så han således kan betale og gøre fyldest for jødernes
synder; hvilken de dog ikke vil antage, kan heller ikke sige, hvem eller

hvor han er. Den anden, som skal være en mægtig, herlig konge, ham
venter de endnu daglig; men de tager dermed fejl, både af den lidende
og herlige Messias.

v4. Men det var vore sygdomme, han tog, det var vore lidelser, han bar;

Vi har hørt, hvordan den hellige profet Esajas ganske dejlig har præ-
diket om vor kære Herres Jesu Kristi lidelse og herlighed, nu føjer han
også til, *hvorfor* han har måttet lide, og *hvad han dermed har udrettet
og erhvervet*. Ja, her grunder og bygger han *den høje og fornødne artikel
i vor tro om retfærdiggørelsen*, nemlig, at vi tror, at Kristus er blevet
pint og dræbt FOR OS, som også Paulus lærer, at Kristus er blevet til
en forbandelse for os. For det er ikke nok, at man véd, at Kristus har
lidt, men *man må også vide nytten deraf*, det er, man må også tro, som
profeten her vidner, at han har båret vor sygdom, så han ikke har lidt
for sig selv og sine synders skyld, men for os, nemlig at han har båret
alle de plager og sygdomme, ja har taget alle de smerter på sig, som vi
arme syndere skulle have lidt og båret. Den, som derfor ret véd og for-
står dette ord, har lært *summen og indholdet af vor tro og hele kristen-
dom*. For af denne rige og fulde kilde har den hellige apostel Paulus øst
og skrevet så mange nåderige breve, og taget sådan en flod og mængde
af så mange salige ord og rig trøst.

Heraf kan man nu slutte og mægtig bevise med sikker grund, at alle
menneskers flid og møje er fordømt, og at al visdom, retfærdighed og
hellighed, alle gode gerninger og fortjeneste er forbandede, hvormed
folk uden den kære Herre Kristus vil søge og fortjene salighed; alt
dette, hvad mennesket formåer, falder bort og kuldkastes ved dette
eneste ord, som her står, at Kristus har lidt FOR OS. For er det sandt,
at han har lidt for os, så må vi agte al vor retfærdighed, gode gerninger
og fortjeneste, hvorpå vor tillid stod, for intet, ja som Paulus siger, Fil
3, 8: for skarn, og altså må vi træde og vige ud af os selv, og af ganske
hjerte forlade og fordriste os på en *fremmed retfærdighed*, så at vi *lige-
som svævende imellem himmel og jord med en fast tro griber og hænger*

ved den retfærdighed, som man hverken kan se eller føle, og som alene tilbydes og skænkes os i ordet.

Og det er årsagen, hvorfor ingen uden den rette mester og lærer, Helligånden, kan fatte eller forstå denne lærdom om den kristne retfærdiggørelse; for jøderne antog ikke Kristus alene derfor, at de ikke ville miste deres egen retfærdighed og hellige livsførelse, eller have den straffet, og lovens gerninger fordømt, da Kristus dog derfor er kommet i kødet og blevet et menneske, at vi, som var vredens børn og dømt til fordømmelse, skulle blive salige og frelses ved hans retfærdighed.

Derfor skal man især lægge mærke til stedordet: "vor" sygdom og "vor" smerte; *for ved det ord: VOR, bliver Kristi frelsende lidelse tilregnet og meddelt os.* Ja den bliver så aldeles vor egen, som vi selv havde erhvervet den; for har han båret min smerte og min sygdom, som er mine synder, og mine overtrædelsers græsselige straf, så er det vis, at jeg er ganske fri, ikke alene fra al min skyld, men endog fra min velfortjente straf, og har derfor ikke nødig at frygte eller forsage for Guds strenge dom.

v4b. og vi regnede ham for en, der var ramt, slået og plaget af Gud.

Det er, vi mente, at han blev straffet af Gud for hans egen synds skyld; for verden og den kloge fornuft dømmer og kalder det ret, at enhver skal tugtes og straffes for hans egen misgernings og synds skyld, derfor slutter de straks sådan: Er han slået og pint af Gud, så må han også selv have syndet og forset sig for Gud; for sådan siger også loven i 5 Mos 24, 16: forældrene skal ikke dø for børnenes synd, heller ikke børnene for forældrenes, men enhver skal dø for sin egen synd.

Men her ser vi, at det forholder og tildrager sig just tværtimod, mod alle guddommelige og verdslige rette og love, som tilkender og pålægger dem pine og straf; som selv er skyldige og gerningsmænd, for Kristus lider (siger Esajas) for vor skyld og hans sygdom og smerte er vor sygdom og smerte, og således bringer han os til retfærdighed, uden og over alle love, gerninger og al verdens retfærdighed, ved sin lidelse og smerte. Det kan ingen fornuft forstå eller begribe, men må alene ved troen fattes af ordet.

v5. Men han blev gennemboret for vore overtrædelser og knust for vore synder.

Se! Hvor han stedse gentager og driver på det ord: *vor;* for han vil rigeligt og klart nok udføre det, at man ikke skal springe derover, eller fordreje det med falsk udtydning, og her sætter den hellige profet Esajas vor kære Herres Jesu Kristi egentlige skilderi, billede og beskrivelse, hvormed han ganske yndigt og trøsteligt beskriver og afmaler ham. Det skal man vel mærke og tage til hjerte, og således bruge, at man ophøjer det, forkynder og sætter det imod alle andre lærdomme og gudstjenester, som kan være i verden. For hvad er det andet, når han siger: at Kristus er såret for vore misgerningers skyld, end som han ville sige (som apostlene Peter og Paulus også siger): Vi kan ikke ved loven og vore gode gerninger blive retfærdige for Gud? For vore synder bliver stedse over os, sådan bliver også skyld og fordømmelse, ja evig og uundgåelig straf stedse i vor samvittighed, men Kristus alene bærer vor skyld.

Dette har også Johannes Døberen indbefattet i én sætning: ”Se, dér er Guds lam, som bærer verdens synd” For at Johannes kalder Kristus et lam, dermed viser han, at *Kristus skulle være et offer*, hvormed han indbefatter hele det levitiske præstedømme med alle sine ofre, men at han derhos siger, at samme lam bærer verdens synder, det er just så meget sagt, som Esajas her siger, at vore synder må ved ham alene betales og forsones.

Således har de kære apostle taget al deres visdom af dette ord, og dermed nedlagt hele jødedommen, som vi også nu hos os *med denne eneste artikel, at Kristus er såret for vore synders skyld, har omstyrtet og overvundet pavedømmet.* For står det fast, så er paven visselig og nødvendigvis Antikrist, som lærer og befaler, at vi med vor egen fyldestgørelse og gode gerninger skal betale og forsone for synden. Så er også alle munkegerninger og hellighed afguderiske og fordømte, og al vor fortjeneste er intet, hvormed vi vil købe og erhverve syndernes forladelse og Guds nåde. Og det er jo stor under, at man har ladet så klar og herlig et ord så ganske ligge, og ikke agtet eller overvejet det, da det dog så ofte er sunget i kirken. Det fægter og stormer helt mægtigt imod al menneskelig fortjeneste og gerninger, derfor skal det flittig behandles.

For foruden dette, at ethvert menneske i særdeleshed anfægtes med, at han skal have sin tro og tillid på sine gode gerninger, så er der også hist og her i Den Hellige Skrift mange ord, som synes ligesom at give gerningerne den kraft, som alene tilkommer troen, og siger, at troen uden gerninger intet er, osv., og heraf er megen strid og diskussioner. Men dette er langt større og hårdere i enhvers egen samvittighed, end i det ydre og offentlig med vore modstandere. Mod dem er det lettere at forsvare, og gendrive deres sladder; for da kan vi give lærdommen ren og pur, og med god klar forskel forsvare det, hvordan gerninger bør forkastes, eller tillades og stadfæstes. For så vidt forkaster vi dem, hvis man derved vil opnå syndsforladelse og retfærdighed for Gud. Derimod lover og stadfæster vi dem så vidt, som man lærer, at de, som gode frugter skal følge på troen.

Men indvendig i samvittigheden er det ikke så let at slutte og beholde forskellen efter denne lærdom, når man skal stride imod Djævelens og sin egen anfægtelser af sine synder. Da er det ganske tungt, at et menneske ikke skal bevæges og stødes for hovedet af sådanne ord om gerninger, især fordi vor natur også hænger dertil, og stemmer overens dermed. Dertil kommer også den forvendte onde lærdom og undervisning, og den forhærdede vedhængende vane. Derfor er det en stor og umulig ting for vort kød og blod, at det blot og rent alene skal hænge og bestå ved troen, så at vi ikke forsager i vore store synder, men kaster os her om over alle ord, lærdomme og tanker om gerninger, og siger: Hvordan jeg end har levet og handlet, godt eller dårligt, hvad vedkommer det mig? Hører jeg dog ikke, at jeg ikke bliver retfærdig ved min gerning, og ikke skal sætte min tro på min gerning og livsførelse, men på Kristus? Nu tales der ikke om, hvordan jeg skal handle og leve, men hvordan jeg bliver løs fra synden, eller får dens forladelse og retfærdighed. Da har jeg min kære Herre Kristus, som har lidt for mig og båret mine synder. Ham vil jeg ikke lade mig berøve.

I anfægtelse at vinde sådan en strid og beholde sejr, er just Kristi egen sejr og kraft, som troen må satte, så at mennesket i denne time ikke videre indlader sig i nogen drøftelse, vil ikke vide af nogen gerning, men er ganske adskilt og afdød derfra, som de, der ikke hører herhid, eller i denne kamp, og her er ikke at tale om, hvad vi er eller udretter, men hvad Kristus gør og lider for os.

Når derfor sådanne ord foreholdes os, som taler om vore gerninger, åbenbarer og skælder på vore synder med trussel og skræk for evig forbandelse og fordømmelse, eller derimod fordrer, roser og ophøjer gode gerninger, så holder vi os til *denne tekst, som er hovedstykket og grundvolden i hele Skriften,* hvorefter alle andre ord må rette og føje sig, nemlig: Han bar vore synder, og han er slaget for vore synders skyld.

Der står grunden, siger jeg, i denne sag, som består imod alle de ord om gerninger, som kan anføres herimod, ja opløser dem alle sammen. For er Kristus den person, som bærer vore synder, så følger det jo klart og uimodsigeligt, at vi ikke med vore gerninger kan bære eller borttage vore synder. For vore gerninger er jo ikke Kristus. Således bliver heller ikke vi, men han slået for vore synders skyld, og hvorfor skulle dog Kristus komme og blive et menneske, ja tage sådanne lidelser på sig, hvis vi kunne have hjulpet og frelst os selv.

Derfor må du enten lade denne tekst stå, at Kristus ved sine lidelser og sår bærer og betaler for vore synder, og ikke vi med vore gerninger, eller vi må fornægte Kristus og sige, at han er død forgæves. Men skal han ikke være død forgæves, så må man ikke tillægge gerningerne dette, og ikke tolke og tvinge de ord, som taler om gerningers værdighed og fortjeneste, dertil, som vi dermed skulle aflægge og udslette synden. Det kan vi godtage, at man højt ophøjer og driver på dem, som troens fornødne frugter, der har stor, ja endog det evige livs belønning, blot denne Kristi lidelses fortjeneste ikke tilskrives dem, nemlig at bære vore synder og betale for dem, opnå forsoning og forladelse for os.

Og derfor elsker jeg især denne tekst, at den så klar og kraftig fastsætter denne artikel (Kristus har båret vore synder) og dermed indsætter og bekræfter hele Det Nye Testamente, ja er *den eneste grund og hovedstøtte, hvorpå hele evangeliet er sat og bygget,* så at *hvor denne artikel står, dér står de alle.* For tror og forlader vi os derpå, at han er død for os, så må også det andet følge, at han giver os sin Helligånd, og altså i sandhed gør os til den kristne kirkes lemmer og hellige, så at vi daglig har syndernes forladelse og det evige liv.

Derfor har Djævelen heller ikke så meget at bestille med nogen artikel, som med denne, at han kan kuldtaste den. For han véd, at *alting kommer an på den.* Det er *alene den artikel, som gør en stor og evig forskel imellem alle andre menneskers religioner på jorden, og vores.* De kristne alene tror dette ord, og kaldes alene heraf kristne, ikke fordi de gør gerninger, som de andre, men fordi de tror denne artikel, at Kristus er død for os. *De hænger ved de fremmede gerninger, som Kristus har gjort og tilegner sig dem.*

Den, som derfor fast og bestemt tror denne artikel, er sikker og vel bevaret for alle andre vildfarelser, og Gud Helligånd er visselig hos ham. For man kan ikke prædike, føle og fatte denne lærdom, uden det sker ved Helligånden, men de, som viger og falder fra denne hovedartikel, står i fare for, at kunne forføres af enhver falsk, vildfarende lærdom, som vinden driver én både hist og her.

Derfor må en kristen være særdeles klog og forstandig, så han véd at dømme om loven og alle gode gerninger i sin rette orden og brug, men at sætte og ophøje denne artikel så højt og vidt over alle love og alle gode gerninger, som himlen og jorden er adskilte fra hinanden; for en kristen (når han står i sin rette kristendom, mellem Gud og sig alene), skal hverken vide af nogen synd eller fortjeneste hos sig selv, ligesom han levede i en anden ny verden, og skønt han føler synd, så skal han ikke anse den i sig selv, men i den person, på hvilken den er lagt af Gud, det er, at han ikke anser den for synd, som stikker i hans samvittighed og ligger ham på halsen, ja holder ham fangen, men at han således agter og dømmer den, som den er i Kristus, nemlig, at den er forsonet og overvundet; for Gud har ikke villet have den lagt på os,

110

fordi vi ikke kunne bære den, men måtte forgå og fordærves derunder, men denne Kristus har han gjort til en syndebærer, som har en stærkere ryg, end vi, og bærer synden således, at den må udslettes under ham.

Således må en kristen lære, at hans hjerte og samvittighed forbliver ren og ubesmittet fra alle synder, og det får han ikke anderledes, end ved troen, som bliver vis og bestandig der på, at vore synder og misgerninger er overvundet i Kristus, og vi således er sikre og bevarede for den evige død, og nu ved samme Kristus har den evige retfærdighed og salighed. Alt dette bringer dette den hellige profets ord rigelig med sig.

Derfor må troen øve sig ved sådanne ord, når den skal stride imod samvittighedens skræk og anfægtelse, at den holder dette fast og vænner sig til, ikke at anse synden andetsteds end i Kristus; for betragter vi vore synder, som at de står skrevet i vore hjerter, da er det en gudsbespottelig og ukristelig betragtning, som vor fjende Djævelen afmaler for os, og imod Gud og troen driver på vor samvittighed.

Derfor må man derimod afmale Kristus i hjertet, og vel spejle sig i ham, hvordan han bærer vore synder, så kan de ikke skade os; for da bliver troen trøstig og kan i sandhed sige: Mine synder er ikke mine, men Kristi; for de ligger jo ikke på mig, men på Kristus, siger denne tekst, men ligger de ikke på mig, så må de heller ikke fordømme mig.

Men det er en ganske svær kunst, og der hører stor strid ag troens øvelse dertil, at du kan beholde alt dette fast, og aldeles forlade dig derpå, og således overvinde din egen samvittighed, når du anfægtes af synd, og sige: Har jeg end syndet, så har jeg dog ikke syndet, for synden er ikke længere min, men Kristi. I de gamle eremitters historier læser man om én, som var anfægtet af sin synd, og at en anden gammel fader gav ham denne lærdom og råd, at et menneske skal modstå sine egne tanker, og ikke tillade samvittigheden at anklage sig, men med magt slå sådanne tanker bort og sige: Jeg har dog ikke syndet.

Dette er vel ikke et godt eksempel, heller ikke den rette lægedom mod sådan anfægtelse; for det taler intet om Kristus, og lærer, at hjælpe sagen ved sig selv, og med egne tanker at stille samvittigheden, som dog er umulig. Dog tjener det dertil, at man kan se, at endog erfarenhed vidner, at samvittigheden ikke kan være tilfreds, uden at synden er langt, langt bortkastet fra åsynet og forglemt.

Men dette er rådet, hvorved du kan få dine synder af syne og blive fri for dem, at du ikke sætter dine gerninger, din livsførelse og tanker derimod, men at du alene anser Kristus, og ved troen sætter disse ord i hjertet, at Gud har lagt dine synder på ham, og at han er død for dem. Således bliver du da udrevet af dig selv, og indplantet i Kristus, ja indlemmet i ham, ligesom en gren af et vildt oliventræ afhugges, og indpodes igen imod naturen i et godt oliventræ, således bliver du også forløst og afskåret fra dig selv og den onde fordømte verden, og indpodet i Kristus, det rette gode oliventræ, som Paulus lærer i Romerbrevet 11, 17.

Jeg driver ikke på dette ord forgæves; for jeg véd helt vel, hvor meget det har hjulpet og trøstet mig; *for hele vor kristne tro og gudstjeneste er ikke andet end en daglig flittig øvelse i denne høje artikel,* nemlig, at man således kan anse Kristus, at han har lidt for os, eller båret vore synder på sig, og at han således er vor eneste, evige saliggører og genløser fra synd, død og Helvede, som Skriften også vidner, at han er Guds lam, som bærer verdens synder.

Som det nu er uimodsigeligt og klart, at intet menneske kan have syndernes forladelse, uden ved Kristus alene, som med sit hellige, dyre blod har gjort fyldest for os, så følger visselig for det første, at alle vore gerninger ikke formår at redde os fra synd og død. For det andet, at der også må være en helt anden brug og nytte af gode gerninger, end at de skulle gøre os retfærdige for Gud. Det har vi på andre steder behandlet. Vi ser også, hvordan den hellige apostel Paulus af dette ord er blevet så veltalende og trøstelig en prædikant og lærer, at han så rigelig og mesterlig kan tale om syndernes forladelse. For denne hovedartikel indeslutter og rummer næsten alle de andre kristne lærdomsartikler i sig, som om døden, livet, synd, gode gerninger, osv.

Men derfor skal ingen forsage og give op, skønt han endnu ikke føler dette i hjertet så fuldkommen, som han skulle, men endnu er svag i troen; for Satan plejer således at angribe og forføre os, at han af sin helvedsgift gør sund spise og lægedom, og gør derimod en skadelig gift af den saliggørende lærdom, det er, at han med sikkerhed og falsk trøst styrker de ubodfærdige og forhærdede i synden, og derimod fører de arme bedrøvede samvittigheder i bedrøvelse og skræk just ved det, som skal være deres trøst og glæde, og forestiller idel synd og død af deres retfærdighed og hellighed.

Som for eksempel: Det er vor højeste trøst imod al synd, død og Helvede, som vi her hører, at Kristus har båret vore synder. Deraf kan han drive mig sådanne tanker i hjertet: O, jeg arme usalige menneske, som ikke kan føle eller finde dette i mit hjerte, derfor er der ingen råd eller trøst for mig. Se, det er at have gjort den rette lægedom til en dødelig gift, idel fortvivlelse og død af livets tanker, ja af Kristus selv at have gjort en djævel.

Derfor skal man også vide dette, de svage til trøst, at intet menneske blandt alle Guds helgener i denne verden fuldkommen kan fatte og beholde denne artikel; for den bliver ikke heller derfor prædiket, at man straks kan blive udlært i den, og at du så snart slet ingen synd skulle føle mere, ja sådanne forvovne disciple skal se sig vel for, at de ikke løber for groft an, og falder i Satans fælder. For kætterne plejer sædvanlig (efter deres eget hoved) på én gang straks at blive udlært i den kristne tro, men de fromme kristne ser helt tydeligt deres tros svaghed, og blive desuden stedse anfægtet og trængt til fortvivlelse, så stærk og kraftig føler de synden.

Som da intet er mere skadeligt og fordærveligt end sikkerhed og frækhed, så skal du rejse dig selv op og antage trøst, når du føler din tros svaghed; for sådan ængstelse er et vis tegn på et fromt, gudfrygtigt hjerte, og du er visselig en Kristi lem, skønt et svagt lem, desuden er det også forbudt af Gud, at foragte og forkaste de svage kristne, derfor vil vor Herre Gud ikke være en fjende af de svage i troen, eller støde dem for hovedet; for endog i fromme og hellige folk bliver en frygt og skræk for døden, et ængstet og bange hjerte og mange slags fejl.

Derfor skal man formane dem, som ikke så hastig kan begribe eller føle disse ting, at de derfor ikke lader sig forskrække eller forvildes, skønt de i begyndelsen er lidt svage og uskikkede, men at de med apostlene beder og siger: Herre, styrk os i troen; for du er derfor ikke uden tro, eller uden denne lærdom, skønt du ikke endnu grundig nok kan, eller føler den; for Paulus, den højtoplyste apostel, bekender selv, at han endnu ikke har grebet det, så må man også holde den for en kristen, ja han er det også, som er indlemmet i Kristus, og hænger ved ham, så skrøbelig han endog kan være, skønt han ikke så ganske fuldkommen forstår alle ting; for den samme har allerede fået vor kære Herres Jesu Kristi retfærdighed, fordi han begynder at have den. I evangeliet står der alle vegne skrevet: Jesus sagde til sine disciple osv. Så han ikke kalder sine apostle mestre, men alle vegne disciple, og de kære apostle har deres navn af at lære, fordi de er Kristi disciple, ikke fordi at de allerede har til fulde kendt ham og er udlært, og skønt denne deres kundskab er ufuldkommen, så er den dog den rette Kristi kundskab, hvori endog apostlene bliver Kristi disciple, lærdommen er vel hel og fuldkommen, men de, som skal lære den, er ikke lærde eller fuldkomne nok, men vi har kun Åndens førstegrøde, strækker os stedse fremad, og tænker endnu at komme videre, derfor er de nu kristne, som stærk og smertelig føler syndens magt og døden, men hvad gør de samme? Når de nu ser og føler synden og døden for sig, så bliver de dog ved Kristus således som de kan, skønt svagelig, og nægter heller ikke Guds ord, de lider alting derfor og bliver dog i den kære Herre Jesu Kristus, søger og venter heller ikke efter nogen andens hjælp, frelse og fred.

Alt dette må vi vel mærke, så vi ikke gør de kristne til stokke, som slet ingen synd finder eller føler; for en kristen har jo endnu kød og blod, derfor må han uden tvivl også føle synd og svaghed i troen. Dette har jeg derfor sagt med så mange ord, at jeg hermed trolig kan anbefale de flittige læsere og lærere dette trøstelige ord, og give dem anledning til at betænke det, som er Det Nye Testamentes grund og hovedstykke, af hvilket, som af en fuld overflydende kilde, alle slags guddommelig visdoms skat udspringer og flyder ud.

v5b Han blev straffet, for at vi kunne få fred.

Dette ord citerer Peter i sit første brev. Den hellige profet Esajas har villet bruge ord nok, og foretage sig en fuldkommen prædiken, til at lære om denne artikel, så han kan befæste og forsikre os i vor tro, at vi skal være visse på, at Kristus ikke er en dommer og fordærver, men sådan en nådig Herre, som endog bærer vore synder på sig; for af naturen frygte og bæver vi arme mennesker for Gud, som for en vred dommer, sådan har også paven med sin hob opkastet andre til saliggørere, end den eneste midler Jesus, nemlig Maria og andre helgener. Dermed er vor onde natur kun styrket, at sådan en lærdom kom til. Derfor er de lyksalige, som i deres ungdom hører denne lærdom, hvis hjerter endnu ikke er besmittede og forgiftede med den afguderiske djævlelærdom.

Når I derfor hører Jesu navn nævne, så skal ingen tænke på en dommer, som sidder og fordømmer til Helvede, men på en syndebærer, som har taget alle vore synder på sig. Ingen skal lade andre tanker falde i sit hjerte, så vore hjerter således vænner og øver sig i troen, så de i alle slags bedrøvelser kan hente krast hos den kære Herre Jesus Kristus; for sådan taler Helligånden ved profeten klar og tydelig, at den kære Messias er straffet, for at vi skulle have fred.

Vil vi derfor have fred, da kan det ikke ske anderledes, end ved hans lidesse, visselig han burde rimeligvis have fred, og vi skulle med rette evig have båret vore synders straf, men her er alting omvendt, denne synder, men en anden straffes. Jeg ønsker sværmånderne, som nu hist og her anretter stor forvirring, alene dette, at de dog en tid lang måtte prøves med dødens skræk og angst, om de dog således kunne lære, hvad disse er for saliggørende og kraftige ord: Jesus Kristus er død for os. Begyndte de således at forstå dette, så skulle de snart lade de unyttige og forfængelige tanker falde, ved hvilke de fylder verden med forargelse.

v5c ved hans sår blev vi helbredt.

Dette er en ganske dejlig, yndig og overmåde trøsterig lærdom, at vi syge, spedalske og sårede mennesker har så herlig, kraftig og saliggørende et plaster og lægedom på vore forgiftede sår og gamle skade, nemlig vor kære Herres Kristi sår. Havde ikke dog vi arme syndere fortjent det, og var vi ikke just de ugudelige skalke og Guds fjender, som var dømte og overgivet til straf og fordømmelse, men han, vor Herre Kristus skulle være sund, uskadt og ustraffet. Vil du derfor være sund og frelst, så trøst dig ikke ved din fasten, lidelse og kors; for dermed bliver du ikke forbundet og bevaret, men vend og kast dine øjne på Kristus, og forlad dig af hjertens grund på ham, så bliver du lægt, dvs., du skal have en evig retfærdighed og liv.

v6 Vi flakkede alle om som får, vi vendte os hver sin vej; men Herren lod al vor skyld ramme ham.

Det er slutningen af denne prædiken om Kristi hellig lidelses kraft og frugt. Og profeten gør hermed en gendrivelse, hvormed han vil straffe og beskæmme deres løgn, som gøgler og drømmer: Når jeg dag og nat piner og øver mig i et strengt helligt liv, så bliver jeg from og retfærdig for Gud. For mener du, siger gernings-helgener, at vor åndelige livsførelse, og så mange tusinde fortjenester skulle være forgæves? Disse genstridige møder Helligånden hos profeten, og svarer dem således: I kedsommelige gernings-lærere, al jeres gerning og hellighed er idel vildfarelse og mørke. Dette hedder, mener jeg, ret at styrte og fordømme al retfærdighed og fromhed, som kommer af loven, ja og at gøre al anden åndelig livsførelse til skamme, endog den herlige, dejlige, udvalgte gudstjeneste, som Gud selv fra himlen har stiftet, og så ordentlig indbefattet og indsat ved Moses. Og denne tekst har gjort Paulus så dristig, at han så hårdt har trængt og stået derpå, så han har ophævet hele Moselovens retfærdighed, og lært, at vi kristne er frie og ikke bundet til Moseloven.

Således har denne tekst også lært, og offentlig overbevist os, så vi må bekende og sige, at alle klostres gejstlige og andægtige livsførelse,

alle universiteters visdom, ja alle andre menneskelige gudstjenester intet andet er end idel vildfarelse og bedrageri, og det alene derfor, at de
ved sådanne gerninger og ydre tugt og skik vil være retfærdige og
fromme for Gud, derfor blive de da fordømte af Gud. For den hellige
profet Esajas, som vi her hører, dømmer og forkaster alle sådanne gerninger, møje og arbejde, og skriver dem alle under den titel og det
navn, at de virkelig for Gud er afveje og vildfarelser.

Men vi skal med stor flid agte og mærke de ord, han her sætter,
nemlig: ”Al vor”, og ”ham”; for det er *vor fornemmeste og højeste tros-*
artikel, at vi holder for sandt, antager og tror, hvad Gud her lader prædike og forkynde for os ved den hellige profet, at vi har den trøst og
trods imod synden, at vore egne synder ikke er vores, men de er alle
lagt på vor Herre Jesus Kristus.

For denne eneste hovedartikel er den grund og klippe, hvorpå hele
kristenheden og Guds menighed er bygget. Denne artikel er også vor
mur og værn imod al sværmeri og kætteri, så at ingen falske lærere og
omløbere kan forføre eller fange os, medens vi har denne artikel ren
og uforfalsket. Der er ingen lærdom eller gudstjeneste i verden, som er
så meget imod og skader Djævelen og hans rige. Heller ikke er Satan
nogen prædiken på jorden så fjendsk og bitter hadefuld, som denne.
Derfor forfølger han med så megen anfægtelse og bedrøvelse både enhver især, dernæst opvækker han også i almindelighed imod denne
lærdom alle slags afguderisk lærdom, kætteri, splid og forargelse, at
han kan gøre denne lærdom hæslig og anstødelig for verden, så den
kan blive foragtet og dæmpet.

Derfor kan verden også ganske vel tåle, at alle slags falsk, vildfarende lærdom æres højt og prædikes, og endnu er ingen ny gudstjeneste så skammelig og løgnagtig frembragt, at verden jo bedre har kunnet
tåle den, end denne rette lærdom og prædiken. Den kan og vil den ikke
tåle, men forbander og forfølger den, hvor den kan. For det har verden
gerne hørt og tilbedt, at man offentlig på prædikestolen har lært, at en
barfodsmunkes kappe er så hellig, at den, som ifører sig den på sit
dødsleje, bliver salig. Sådanne tåbelige og naragtige prædikener uden
al måde og ende, har de gerne antaget og forsvaret, og dette er årsagen,

at verden elsker og behager den gudstjeneste, som stemmer overens med fornuften og bekræfter vor fri viljes hellighed og visdom, så deres evners og fortjenestes ros og ære kan blive ved.

Men denne eneste lærdom, som dog ikke skader nogen, ja som alene er en guddommelig salig lærdom, har ingensteds sted eller rum, men forjages og bespottes af de bedste i verden, dog ganske urimelig og imod Gud; for at man giver den skyld for, at den forbyder og hindrer dyd og gode gerninger, deri lyver den bespottelige verden, og Djævelen selv taler af dem, da denne lærdom, og ellers ingen anden, giver hjælp og kraft, så en kristen kan gøre rette gode og Gud velbehagelige gerninger, ellers bliver gode gerninger ugjorte, desuden gør den os også visse og forsikrede på, at vore gerninger hjertelig vel behage Gud, og at vi har rette, sande gode gerninger, hvilket ingen anden lærdom kan vise.

Men det laster verden alene ved denne lærdom, at den forkaster vore gerninger, og viser, at de ikke retfærdiggør for Gud, men at vor retfærdighed er fra Himlen, og deraf, at vi tror på Kristus og ikke på os selv. For denne prædikens skyld, at vi fratager gode gerninger den kraft og ære, som Kristus vil have sig selv tilegnet, nemlig at *Kristi fromhed skænkes os*, og vore gerninger ikke tjener til, at vi blive fromme og retfærdige for Gud, dette forårsager den Helvedes vrede og hævngerrige, blodtørstige forfølgelse i verden imod det hellige evangelium.

For at vore fjender så uforskammet imod deres egen samvittighed og den åbenbare sandhed lyver og siger, at vor lærdom tillader enhver at gøre og undlade ustraffet efter al sin modvillighed og ondskab, denne håndgribelige løgn skal Gud nok dømme; for det er jo åbenbart af vore skrifter, at vi giver øvrigheden sin ære, og lærer folk, at de bør ære øvrigheden. Så ser enhver også, hvordan vort evangelium opholder og håndhæver god, stille fred, afværger utugt og horeri, og derimod befordrer ægte kyskhed og troskab. På samme måde styrer og truer den alle onde og overtrædere, *lokker og driver* derimod de kristne til *alle slags frugter og dyder, som vokser af troen*, så de ikke derfor kan straffe os. De forfølger os heller ikke derfor, men det er alene årsagen til deres vrede og rasen, at vi lærer og bekender Kristus, at *han alene er*

118

vor retfærdighed, og vil ikke tilskrive vor egne evner og gerninger det. Derfor må vi lide, og kaldes både kættere, kirkens og den verdslige freds oprørere og forstyrrere.

Men vi vil lade den skændige, utaknemlige og ugudelige verden med dens onde forvendte art fare; for den vil dog ikke smide den gamle hud, og vi skal langt mere vise os flittige og taknemlige imod vort kære evangelium, som ikke giver os en menneskelig retfærdighed, men *en fremmed retfærdighed* til ejendom, nemlig vor Herres Jesu Kristi retfærdighed. *Ja, den skænker os ganske og aldeles den allerstørste og dyrebareste skat i himlen og på jorden.* Og denne kristne og guddommelige retfærdighed er det alene, som *bærer og frembringer utallige sande gode gerninger og dyder.* Uden denne retfærdighed er der intet andet i verden, end idel ugudeligt væsen og hyklerisk livsførelse, verden må smykke og sminke sig, som den vil.

Men det kan ingen på jorden fatte og udsige, hvad det er, som den hellige profet siger: AL VOR SKYLD. Hvor er al den skyld? Og hvad har Kristus fået af os alle for hans lidelse og alle hans velgerninger? Hvormed fortjene vi det, at han bærer vore synder for os, betaler for dem, og gør os retfærdige og salige? *Vi bytter med ham* (vil profeten sige), således at vi ikke give ham andet end synd og skam for hans uskyldighed, hjertelige kærlighed og retfærdighed, som vi får af ham. Og vi modtager fra ham Helligåndens mange frugter og gaver, som daglig og rigelig gives os. For vi arme mennesker har hverken retfærdighed, visdom, eller nogen trøst i os selv, men i Kristus har vi alt dette overflødig, så at vi i Kristus er fyldt med retfærdighed, visdom og stor trøst, og har i ham Guds nådes og barmhjertigheds uudgrundelige rigdom.

Disse ord, at "Herren" lod al vor skyld ramme ham, er også med stor nøjagtighed tilføjet, så vor samvittighed skal være des mere sikker og modig, så den ikke skal bekymre eller ængste sig ved at se og betragte nogen synd. Som den hellige profet ville sige: Vi har ikke lagt vore synder på ham. Han har heller ikke af sig selv taget dem på sig, men *Herren har selv lagt dem på ham*, og efter denne befaling og af lydighed imod sin Fader har han frivillig taget dem på sig.

Dette er Guds behagelige vilje i Himlen, at du forvirrede samvittighed *ikke* skal forskrækkes eller sørge over, *at Gud tænker og mener det anderledes med dig, end vor Herre Kristus,* eller at han vil dræbe dig for de synders skyld, som Kristus har påtaget sig og borttaget. Nej, kære samvittighed, du skal tro, at *Gud Fader i Himlen, din Gud, har just samme venlige og nådige hjerte og vilje til dig, som Guds Søn har,* nemlig, at Kristus skal forløse og fri dig fra alle synder.

Hvad er det nu for en Gud, som kan anklage dig for dine synder? Den Gud i Himlen, som er din Herre, og ham, du frygter så meget for, har selv lagt dine synder – ikke på dig - men på Kristus imod al ret og lov, både Moses og andres. Moses truer syndere således, at ethvert menneske må dø for sin egen synds og overtrædelses skyld, ligeså blive dine synder på dig i den verdslige regering, men når vi skal blive retfærdige for Gud, da er vore synder ikke vores, men Kristi.

Således er det betegnet og afbildet i Det Gamle Testamente, da Abraham og hans søn Isak steg alene op på bjerget, hvor ofret skulle ske, det vil sige, troen handler alene med Gud, og sætter den barmhjertighed, som gives i Guds ord, men tjenerne og dyrene, som kom med Abraham. Vore gerninger, blive neden for bjerget, og hører slet intet til den herlighed, da synden forlades os.

v7. Han blev plaget og mishandlet, men han åbnede ikke sin mund; som et lam, der føres til slagtning, som et får, der er stumt, mens det klippes, åbnede han ikke sin mund.

Denne tekst er anderledes oversat på latin (for i stedet for de første ord har de sat: (oblatus est, quia ipse voluit: Han blev ofret efter sin egen vilje) og den tolkes imod korsets forargelse. For de ikke-kristne er det nemlig helt latterligt at høre, at vi prædiker sådan en Kristus, som har ladet sig korsfæste, og ikke har kunnet frelse sig selv. Derimod siger de kristne, at *Kristus har lidt, men dog frivillig,* ellers havde han haft magt nok, hvormed han kunne beskytte og opholde sit liv. Dette er vel en god mening, men *vi vil følge den hebraiske tekst.* For hidtil har den hellige profet Esajas beskrevet Kristi lidelse, og hvor stor og uudsigelig nytte den har tilført os, nu vil han også afmale måden, hvordan han har anstillet sig dertil, og hvor stor guddommelig tålmodighed han har haft og bevist i hans bitre lidelser. Her stemmer Peter og Esajas overens, når Peter siger: "Han svarede ikke med skældsord, da han blev skældt ud, under sine lidelser truede han ikke, men overgav sin sag til ham, der dømmer retfærdigt (1 Pet 2, 23).

Altså vil profeten Esajas forestille os vor Herre Kristus, hvordan han har modtaget disse lidelser, og hvordan han med en høj og uudsigelig tålmodighed har overvundet det alt sammen. Han vil da sige: Skønt hans lidelser var store og mangfoldige, så truede han dog ikke, og søgte ingen hævn. Sådan skal alle kristnes lidelser være, at de ikke gør som verden, der stedse gerne vil hævne sig, når den må lide noget, men de kristne skal ikke søge nogen hævn, som også vor Herre Kristus her fremstilles, at han ikke alene ingen hævn begærede, men velsignede dem, som forbandede ham, og bad sin fader for dem, som korsfæstede ham

Denne Kristi tålmodige hjertes store sagtmodighed, kærlige vilje og godhed viser han i en smuk og dejlig lignelse om et uskyldigt lam, som man vil slagte og ofre. Det tier ganske stille, så at det end ikke giver et suk, da dog alle andre dyr gør et stort og skrækkeligt skrig, når man tager fat på dem. Så tålmodig har også Kristus været, at han ikke har opladt sin mund eller klaget, da han ganske skrækkelig og gruelig blev pint, og hermed er den højeste kamp og slutningen af Kristi lidelse beskrevet. Nu vender den hellige profet sig og *begynder den prædiken om vor kære Herres Jesu Kristi herlighed og glædelige opstandelse*, hvormed Gud, vor himmelske fader rigelig har begavet, æret og betalt Kristi, hans søns, store lidelse.

v8. Fra fængsel og dom blev han taget bort.

Hermed bekender og roser den hellige profet offentlig, at vor Herre Kristus er opstået fra de døde; for han har tidligere klart vidnet om hans død, at han er slagtet og ofret som et lam, men nu taler han om det, som er ganske modsat, og siger, at Kristus ikke er død, men er taget ud af angst og dom, eller dødens fordømmelse. Dette kunne han ikke sige om ham, hvis han var blevet liggende i døden og graven. Derfor må det vist følge, at han taler om Kristi legemlige opstandelse, som er blevet dømt og fordømt af Pilatus, men også igen af Gud er forløst og taget ud fra dommen.

v8b. Hvem tænkte på hans slægt

Med det mener Esajas, at Kristus også har et fuldkomment, bestandigt væsen, ja at det er så langt og uforgængeligt, at ingen kan tælle det. For vor Herres Jesu Kristi liv er et evigt liv og væsen, hvori Gud har sat ham og gjort ham til en Herre, så der ingen ende skal være på hans alder, fordi den er evig. Sådan siger også Peter i Apostlenes Gerninger, at Gud har opvakt og forløst ham fra dødsens smerter. Men sådan et evighedt og uendeligt væsen er ubegribelig, hvis man ikke fatter det med troen.

v8c. da han blev revet bort fra de levendes land? For mit folks synd blev han ramt.

Dette hører også til Kristi glædelige opstandelse, men at han gentager hans lidelse, og dens evige, salige fortjeneste, at han har betalt for os, det er ikke forgæves, for den hellige profet Esajas vil trykke denne artikel dybt og fast i vore hjerter og vel grunde den, at vi ikke så let hører og overløber denne trøsterige historie om Kristi lidelse; som andre hændelser og historier i verden, men at vi *øver vort hjerte grundigt og henvende det derpå, at det stedse betragter Kristi lidelses hensigt og uudsigelige fortjeneste og frugt, at han har lidt for vore synders skyld.*

Men at han siger: Kristus er revet bort fra de levendes land, dermed vil profeten lærer os, at der er to slags liv, et verdsligt, timeligt liv blandt mennesker på jorden, hvori vi nu vandrer, og dernæst et andet nyt, evigt liv, som Kristus nu lever. Derfor vente jøderne forgæves på ham; for han er revet bort fra dette liv, da han blev korsfæstet og dræbt, og er ved døden indgået til et andet liv, som han selv siger: Jeg går til faderen.

Altså har Kristi lidelse ikke været andet end en forløsning fra angst, og en vej til et udødeligt liv, i hvilket han er sat og indviet af Gud til en konge og hoved for hans menighed, som han regerer og ledsager ved sit hellige ord, opholder og bevarer ved Helligånden, derfor farer alle jøder helt vild, som gaber og venter efter deres Messias' timelige og verdslige rige.

v9 Man gav ham grav blandt forbrydere og gravplads blandt de rige, skønt han ikke havde øvet uret, der fandtes ikke svig i hans mund.

Om jøderne end vil dadle og laste, eller de svagtroende endnu tvivler derpå, at den hellige profet Esajas oventil har talt om Kristi lidelse og død, så bruger han dog her sådanne ord, som klart og tydelig viser det, og kan ingen anden mening give, end at Kristus har været et sandt menneske. Ja, han er også virkelig død og begravet, så jøderne ikke kan forfalske eller fordreje det. Derfor slutter vi vist af dette ord, at Kristus måtte dø, som han her klart siger, så følger nødvendig, at hans rige ikke har skullet være et verdsligt rige i dette liv, som jøderne påstår.

v9b. blandt de rige.
Det hebraiske sprog har således sin måde at tale på, skønt dunkel nok, så en rig betyder så meget, som et ugudeligt menneske, denne måde og brug er måske kommet deraf, at de rige i almindelighed er ugudelige mennesker. Sådan kalder også Kristus rigdom for den uretfærdige mammon. Ligeledes siger han, at det er vanskeligt for en rig at komme ind i Himmeriget. Derfor giver den hellige profet at forstå, at Kristus er henrettet og død, som en oprører, ugudelig og forfører, men fordi vor Herre Jesus Kristus er således død, som Esajas her forkynder hans død, så er det et fuldkomment bevis på, at han just er den sande Messias.

v9c. skønt han ikke havde øvet uret.

Dette ord har Peter lånt herfra og sat det i sit første brevs tredje kapitel. Kristus har éngang lidt for vore synder, skønt han ingen synd har gjort, men han har taget vore synder fra os, og opofret dem på sit legeme på korset. Derfor forsvarer og undskylder den hellige profet her Kristus, og giver ham et stort og sandfærdigt vidnesbyrd om hans hjertelige uskyldighed, at han ikke har lidt for sig selv, eller for sine synder, men har så aldeles været uden synd og ustraffelig, at intet menneske har vidst noget at klage over ham, at han med ord eller gerning har forurettet nogen, men både hans lærdom og livsførelse har været ganske ustraffelig for Gud og mennesker, og denne ros sætter han således, som den, der alene tilkommer Kristus, og ikke kan gives noget andet menneske; for der er ingen, som ikke både i ord, gerning og livsførelse kan anklages, som han selv ovenfor har bekendt: Vi fór alle vild. Og: Han kastede alle vore synder på ham. Hvordan kan han rose Kristus højere, og herligere forsvare og fremstille hans uskyldighed, end at han siger, at Kristus aldrig med ord eller gerning har bedrøvet eller skadet noget menneske, så ingen kan bebrejde eller beskylde ham derfor. Dog er den allermest uskyldige blevet dømt som den største skurk og overtræder.

v10. Det var Herrens vilje at knuse ham med sygdom.

Det har ikke været hans synders skyld, heller ikke af menneskelig råd og foretagende, at han har måttet lide, men Herrens guddommelige velbehagelighed, som således har udøst sin nådes uendelige skat og afgrund over os, at denne hans allerkæreste son, uskyldigt skulle bære og betale skylden og straffen for os fordømte.

v10b. Når hans liv er bragt som skyldoffer, ser han afkom og får et langt liv.

Dette er det sidste stykke af denne prædiken; for efter at han har beskrevet Kristi person, og talt om hans lidelse og opstandelse, så beskriver han også nu frugten af den samme, nemlig *det rige, han derved har erhvervet.* For hvad han har lidt og gjort, var endnu alt sammen forgæves, hvis det ikke blev anvendt på os, og hvis han ikke oprettede sit kongerige og sin kristenhed. Og heraf følger uimodsigelig, at intet menneske har kunnet forsone for sin synd, fordi vor kære Herres Jesu Kristi lidelse alene er den rette og fuldkomne lidelse for vore synder og misgerninger, som den hellige profet her lærer.

Det afkom, han her taler om, er den kristen menighed. Han skal se afkom, siger Esajas, det er, han skal have et rige, ja også kongelig afkom, og børn, som er konger, ja han skal også selv evig regere. Dermed viser han, at han skal være en anden konge, end de, der regerer på jorden, som ikke evig kan leve i deres regering, men efter deres død efterlade efterkommere, som regerer i deres sted, men de beholder ikke selv regeringen længe, men dør bort, men Kristus er ikke sådan en dødelig konge, som for sin afgangs skyld må overlade sit rige til andre, men han selv med sine børn lever og regerer i evighed.

v10c. Og Herrens vilje lykkes ved ham.

Det er, han skal have Helligånden, og rigelig udøse ham, ved samme Ånd skal Kristus plante, udbrede og frugtbargøre sit evangelium, men det er Guds evige vilje, eller forsæt, som han har sagt, at vi ikke skal bære vore egne synder, men Gud har selv taget dem fra os, og lagt dem på Kristus, for at han skal udslette dem, denne vilje skal gå lykkelig og uforhindret frem, selv om Djævelen og verden sætter sig derimod.

v11. Efter sin lidelse ser han lys, han mættes ved sin indsigt.

Profeten kalder den Herres Kristi nød og angst, og alle hans smerter og hjertesorg, et arbejde, hans arbejde, siger han, skal betales godt og rigelig; for han skal have sådan en herlig kristen menighed, som med en ren og usminket tro og hjerte tjener ham dag og nat, og forkynder hans velgerninger indtil verdens ende.

Det ord, at se, betyder i det hebraiske sprog så meget som at se med lyst og glæde, eller at se sin lyst på en ting, som man længe gerne har villet se.

At have overflødighed, det er at være mægtig og rig på alle Guds gode ting, han skal have Djævelen og døden under sin magt og tvang, så de ikke skal kunne formå noget imod Kristus, og hans rige og menighed, eller fordærve den.

v11b. Min tjener bringer retfærdighed til de mange, og han bærer på deres synder.

[Luther følger grundteksten og den almindelige oversættelse der lyder sådan: "Når han kendes, skal min retfærdige tjener retfærdiggøre de mange" (1917-oversættelsen). King James: by his knowledge shall my righteous servant justify many. Luther 1545: durch sein Erkentnis wird er, mein Knecht, der Gerechte, viel gerecht machen.]

Med disse ord vil han lære, hvordan det skal gå til, og på hvad måde Kristus skal begynde, at hans rige skal have så lykkelig en fremgang og tilvækst, og *dette er ét af de fornemste ord i vor lærdom om troen og den kristne retfærdighed*: Idet man kender ham, skal han retfærdiggøre mange, der vil sige, alle de, som med hjertelig tillid og tro antager og forlader sig derpå, at Kristus har taget deres synder på sig og udslettet dem. De er alle fromme og retfærdige for Gud, og *ved denne tro bliver de delagtige i hans lidelses og opstandelses kraft.*

Sådan en beskrivelse og væsen giver den hellige profet den kristne retfærdighed på det korteste, idet han således beskriver og afmaler den, at *den i sit væsen og natur ikke er andet, end at vi ret kender Kristus*. Men hvad det er, forstår ingen sofist, eller unyttig sladrer; for de grubler og tænker sådan, kundskaben sker ved menneskets *forstand*, og retfærdighed kommer ved menneskets *vilje*, ikke ved forstanden, derfor kan Kristi kundskab ikke gøre nogen retfærdig eller salig, fordi

126

den ikke antages og fattes ved viljen, men ved forstanden. Men Helligånden siger imod, straffer dem åbenbar for løgn og bekender frit, at Kristus alene er retfærdig og hellig, og gør alle mennesker retfærdige og fromme, som kender ham, derfor kan ingen vinde eller få den kristne retfærdighed, uden han først ret har kendt Kristus.

Nu kan man jo ikke anderledes lære Kristus at kende, end ved hans lærdom og hellige ord, når man hører og beholder det. *Derfor er det kære evangelium ligesom et rør eller en vogn, på hvilken Kristus føres til os, og hans gerning og nåde indgydes i os.* For ved hans ords og de hellige sakramenters middel bliver Kristus med hans retfærdighed og alle hans himmelske gaver overstrømmende *uddelt til os og givet os.* Sådan lærer også de vise om deres sager, at skal nogen vide og kende en ting, så må han først have set eller hørt det. Derfor må vi også først høre Guds ord og lære hans prædiken og evangelium, før vi kan tro Rom 10, 11. *Dernæst, når vi med ørerne har nedsænket og fattet det i hjertet, da fæster troens træ rødder og vokser, og således skænkes retfærdigheden os.*

Fordi Esajas nu klart og tydelig siger, at kundskab om Kristus gør retfærdig, så er det åbenbart og besluttet, at hverken Frans' eller Dominicus' regel, hverken kappe eller messe, hverken befalede eller selvopfundne gerninger, ja end ikke de gerninger, som vi gør i lydighed mod Guds 10 bud og Moselov, samt alle andre bud og gerninger, kan gøre os retfærdige og fromme for Gud, og det er årsagen; for alle sådanne gerninger er jo ikke kundskab om Kristus; derfor er de alle unyttige til retfærdighed for Gud, ja de er endog fordømte gerninger, og fordømme alle dem, som gør sådanne gerninger i den mening og tillid, at de vil være retfærdige for Gud.

Altså ser I selv, at den hellige profet helt forkaster og fordømmer alle gejstlige regler, love og gerninger, og heraf har Paulus og Peter taget og udøst så mange trøstelige lærdomme og prædikener om den nåderige kundskab om Kristus, som når de formaner os, at vi skal vokse i Kristi kundskab, som de ville sige: I er endnu ikke fuldkomne. I må stadig tage til i denne kundskab.

Altså ser du, at den, som vil blive løst fra synd og død, da er der i denne sag intet andet råd eller hjælp, end at vi ret lærer at kende Kristus og samme salige kundskab må gøre os fri og løs fra alt ondt, men, som jeg har sagt, da taler han egentlig om en sådan kundskab, at vi *ved hans prædiken og evangelium lærer, hvem Kristus er, hvad han har gjort for vor skyld,* at han er den sande Guds Søn, undfanget af Helligånden, født af Jomfru Maria, og har lidt under Pontius Pilatus, og det ikke for sine egne synders skyld; for han var ganske hellig og uskyldig, men *for hele verdens synders skyld,* som han har påtaget sig, så vi skulle blive løst og fri fra synden og leve med ham i evig retfærdighed.

Denne kundskab, som ikke alene véd at tale om, hvad Kristus har gjort, som også djævlene véd, men tror, at alt dette er sket os til gode, den gør os retfærdig. Derfor skal vi ikke så koldt og sovende fare hen over disse ord, men flittigt betragte dem, indskærpe og overveje dem i hjertet; for de er brændende og kraftige, og med stor flid placeret i teksten, så vi nøje skal betragte, både hvad denne kundskab er, og hvorimod den er anordnet og sat, nemlig imod al menneskelig evne, flid, gerning og visdom; for Skriften plejer at tale sådan, at den ved modsatte meninger stedse sætter og afvejer mod hinanden Kristi rige og alt hvad det fører med sig, imod alt hvad verden er og formår.

Men det er en ganske ny og forunderlig lærdom og beskrivelse af den kristne retfærdighed, at den helt og aldeles består deri, og intet andet er, end sådan en kundskab, at hjertet ikke forlader sig på andet, end på den kære Herre Kristus, som er korsfæstet. Som også profeten Jeremias kap. 9, 23 siger: "Den, der er stolt, skal være stolt af dette, at han har indsigt og kender mig". *For den kristne retfærdigheds væsen og egenskab er ikke andet, end alene denne kundskab om Kristus,* det vil sige, *troen, hvormed vi omfavner Kristus, indeslutter ham i vore hjerter,* og er visse på, at han har givet sig selv til en genløsning for os alle og for vore synder, som Paulus siger i 1 Tim 2, 6.

Men denne kundskab er ikke fornuftens eller vor egen forstands evne. Guds ord forkynder det ganske vist, og tilbyder os alle vor Herre Kristus, at han er det offer, som er givet for vore synder, men *hvis Helligånden ikke tillige oplyser og rører vore hjerter, så de bliver seende og tror, så bliver det dog ikke forstået, så at hjertet ikke kan trøste sig derved.* Men da erfares det, hvad kraft og trøst det har, når vi vover og hengiver os på Guds løfte og tilsagn og skriver det i hjertet, at i dette afkom, Kristus, velsignes alle hedninger og hele verden.

Derfor er det en kristens største ros og ære, at han visselig véd, *at hans retfærdighed alene er troen på den Herre Jesus Kristus,* og det derfor, at Gud ved sin barmhjertighed således forordner, forjætter og *tilregner os det.* Således er de kristnes retfærdighed *alene en skænket og fremmed retfærdighed,* at Gud for Kristi skyld *ikke tilregner os synden,* skønt vi endnu ikke er ganske uden synd.

Denne lærdom skal vi lægge godt mærke til og øve, ja flittig og ordentlig lære og indskærpe den i folket, så de kan undervises og læres, at vi ikke ved andre ting kan blive retfærdige, eller bestå og være behagelige for Gud, end alene ved Jesu Kristi erkendelse. Ikke for vore gode gerningers skyld, og heller ikke ved de 10 bud, ikke ved alle andre love og skikke, verdslig ret, løn og straf, de må være så hårde og strenge, som de være kan, de må være frivillig påtaget af os selv, eller pålagt af andre imod vor vilje.

Alt dette udelukkes og forkastes ved dette ord, når vi ser på, hvad der følger deraf, og imod hvilke stykker det strider og er sat; for at det er helt umuligt og forgæves, er nok vist, da ingen af disse gerninger er et stykke af, eller hele Kristi kundskab, som alene gør retfærdig, derfor er munkes og nonners og alle andre farisærers og hykleres stand intet, ja hvad for orden der ellers er, er også intet, og kan intet hjælpe til den retfærdighed for Gud. Kort sagt, nævn hvad du nævne vil og kan, er det ikke denne kundskab om Kristus, så er dets kraft og ros allerede hermed borttaget, at det ikke kan gøre retfærdig for Gud.

v11c. For han bærer deres synder.

Her gentager han årsagen, hvorfor den kundskab om Kristus alene gør retfærdig; for han er, siger han, den Guds tjener, som alene bærer vore synder. Derfor må vi blive ved denne beskrivelse af den kristne retfærdighed, at vi ikke kommer i den indbildning og fortvivlelse, at Kristus er en skrækkelig dommer og bøddel. For et hjerte, som er uden tro og uden det kære evangelium, kan ikke anderledes anse eller forestille sig ham, end som en vred dommer. En dommer skal han ganske vist være, men i den kommende verden, da han vil anstille og holde sin dom på den yderste dag, og da fordømme ugudelige, ja evig straffe dem, men de retfærdige vil han give det evige liv, men i denne tid og i dette liv lader han prædike om sig, at han er det Guds lam, som bærer vores og *hele verdens synder.*

Den, som nu véd og forstår dette, er fuld af visdom og Guds kundskab, og kan prøve og dømme enhver ny afguderisk lærdom. Men især kan en kristen slutte dette heraf, at vi ikke bærer vore synder, og at en kristen, som tror og er døbt, ikke har nogen fordømmelige synder; for han har Kristus. På samme måde kan en kristen også lære, at alle de indgivelser og tanker, som gør samvittigheden bedrøvet og forsagt, egentlig er Djævelens giftige pile og gudsbespottelige tanker; for Kristus har revet alle vore synder af vor hals, og lagt dem på sig, ja dræbt dem ved sin død. Disse synder vil den listige Djævel stedse gerne bebyrde og overvælde os med igen.

En kristen kan også lære dette heraf, at alle lærdomme, alle regler og hellig livsførelse, og hvad de ugudelige kan frembringe, så de uden Kristus kan fortjene syndernes forladelse, alt sammen er imod Kristus, og en afguderisk fordømmelig ting, som alt sammen ved dette eneste ord adspredes og forsvinder som en røg med alle stænder og nye munkerier, som stræber efter retfærdighed. Som Paulus også siger: "Hedninger, som ikke stræbte efter retfærdighed, opnåede retfærdighed, men vel at mærke retfærdighed af tro. Israel derimod, som stræbte efter en lov, der kunne føre til retfærdighed, nåede ikke til en sådan lov." (Rom 9, 30-31).

Derfor skal vi for alting nøje fatte, indskærpe og drive på denne artikel, at vore hjerter kan være udrustede og bevæbnede dermed imod alle vore fjender, fordi også mange prædikanter, som dog vil roses for mestre, forkynder og lærer folket denne artikel ganske koldt, men den, der ikke ret har antaget og kendt dette stykke, er ligesom en mand, der betragter sit ansigt i et spejl, som Jakob siger; for når han har betragtet det, går han straks bort og glemmer, hvordan han var. Således betragter sværmerne denne lærdom ligesom i et spejl, når de hører om den kristne retfærdighed, men når de falder i anfægtelse, eller støder på fremmed lærdom, eller plumper i gerninger, da overvældes de, så de helt glemmer denne rene lærdom; for det billede, de tidligere har set, er forsvundet og bortveget fra deres øjne, efter at de har vendt sig fra denne lærdoms spejl. Derfor er det et under, ja en stor og fortræffelig ting, at vi kan blive bestandige i denne kundskab om vor Herre Kristus og forlade os derpå.

v12 Derfor giver jeg ham del med de store, med de mægtige deler han bytte, fordi han hengav sit liv til døden og blev regnet blandt lovbrydere. Men han bar de manges synd og trådte i stedet for syndere.

Den hellige profet Esajas gentager én ting ofte af stor glæde; for hans hjerte hopper og springer af fryd og glæde, fordi han har kendt sådan en nåde og velgerning. Han siger sådan: ”Derfor giver jeg ham del med de store, med de mægtige deler han bytte, fordi han hengav sit liv til døden og blev regnet blandt lovbrydere.” Dermed indsætter han til slutning hele denne prædiken om Kristi lidelse, og dens frugt. For det er en ganske stor og forargelig ting, at vi antager og bekender den Herre Jesus, at han er den sande Messias imod de uomskårne jøders skrig og indbildning, som endnu i denne dag synger deres gamle vise, og vente på en Messias, som skal være en uovervindelig, verdslig kejser og herre, men de blinde og forbitrede mennesker ser ikke, at den hellige profet her siger, at *den sande Messias skal dø*, og ikke være en verdslig konge, men en åndelig Herre.

v12b. blev regnet blandt lovbrydere.

Den sande, forjættede Messias skal ikke alene være et naturligt menneske, men skal lide så skændig en død, som ikke den groveste forbryder endnu har lidt. Som han ville sige: Hvis I vil kende jeres Messias, hvem han er, så ret øjnene med al flid på ham; for han skal ikke komme i stor pragt og herredømme, men som en morder, som man skal dræbe med andre mordere. Men denne profetens offentlige og troskyldige formaning har jøderne ikke agtet, og bekymrer sig endnu ikke derom, for da Kristus blev korsfæstet, tænkte ingen jøde på denne tydelige tekst, derfor ophører de endnu ikke med deres bespottelse og gaben, men venter indtil deres herlige Messias kommer, og vil aldeles ikke tro på vor korsfæstede Kristus.

v12c. han bar de manges synd.

Den kære profet taler atter om den salige nytte og frugt af Kristi hellige lidelse; for han véd og ser, at denne artikel om genløsningen er den største og tungeste, denne Herres død tjener ikke dertil, siger han, at Kristus skal straffes og udryddes, men at andre mennesker derved skal blive salige og forløste, og således opfyldes Guds herlige forjættelser med gerningen. For de skønne, trøsterige forjættelser kunne ikke opfyldes, vor forløsning heller ikke fuldbringes, hvis han ikke således var død, og havde båret og borttaget vore synder. Og Esajas siger atter ganske rigtigt: Han, og ikke vi, har båret synden!

v12d. trådte i stedet for syndere.

Hermed priser den hellige profet Esajas Kristi uudsigelige tålmodighed, at han i sådan kærlighed, og med et sødt, venligt hjerte imod os, har antaget sine lidelser, at han ikke alene ikke har bandet igen, eller søgt og begæret hævn, men har været fuld af brændende guddommelig kærlighed og godhed, så han ganske har glemt sin egen lidelse og pine, har båret en hjertelig medlidenhed og omsorg og bedt for alle overtrædere og fordømte syndere. Ja, han har også bedt for dem, der korsfæstede ham. Men hvor er de hjerter, som kan betragte alt dette, og så glæde sig ved disse trøsterige ord, som de vel er værd? Kunne vi gøre dette, så var vi allerede salige.

Altså ser vi, at der intet andet er i Kristus, end en udøst overflødighed af Guds barmhjertighed og syndernes forladelse.

Dette er nok til dette kapitels forklaring, som vel er værd, at vi ofte og uden ophør flittig læser og betragter det, så vi nøje kan indskærpe det, så vi intet skal se og høre, uden alene Kristus, hvordan han træder frem for os, bærer vore synder for os, trøster os, og har en sød, hjertelig kærlighed til os. De ugudelige læser det ganske vist også, men overfladisk, som læste de det i søvne, derfor bedre de sig slet intet derved, men de, som vil læse det med nytte, må være vågne og flittige læsere.

Den Store Lutherserie